KB266596

저만치 가까이
SO FAR, SO NEAR

103X 제작

각본 감독 **백학기**
Screenplay & Directed by **Palk Hak-Ki**

발행일 2026년 4월 16일
지은이 백학기(각본 감독)
펴낸이 모두출판협동조합(이사장 이재욱)
펴낸곳 모두북스
디자인 디자인플러스 김성환

등록일 2017년 3월 28일
등록번호 제 2013-3호
주소 서울 도봉구 덕릉로 54가길 25 (창동 557-85, 우 01473)
전화 02)2237-3301, 02)2237-3316
팩스 02)2237-3389
이메일 seekook@naver.com

ISBN 979-11-89203-73-3 (03680)

*책값은 뒤표지에 씌어 있습니다.

저만치 가까이
SO FAR, SO NEAR

103X 제작

각본 감독 **백학기**
Screenplay & Directed by **Palk Hak-Ki**

MODOOBOOKS

차례

PART 3 길 위에서 ON THE ROAD

PART 1

저만치
SO FAR

윤지는 붉게 물든 메타세쿼이아 나무들이 길게 늘어선 가을 길을 걷는다.

작은 배낭 하나, 낡은 시집 한 권, 그리고 아직 한 번도 입 밖으로 꺼내지 못한 질문을 안고서. 그의 어머니는 비구니다. 혹은, 그리움이 만들어낸 하나의 기억일지도 모른다.

백석의 시 〈여승〉에 등장하는 가지취 냄새 향의 이미지와, 시의 단편적인 문장들이 윤지를 이끈다. 그녀는 마이산으로, 탑사의 돌탑 숲으로 향한다. 두 개의 산봉우리는 부모처럼 서 있다. 하나는 기억 속에 있고, 하나는 한 번도 제대로 알지 못한 존재다. 그 사이에서 시간은 잠시 멈춘 듯하다.

탑사에서 윤지는 청혜스님을 만난다. 판단하지 않고 침묵이 많은 청혜스님은 어떤 만남은 이루어지지 않도록 정해진 것일 수도 있다고 말한다. 만나지 않는 것 또한 하나의 운명일 수 있다고.

윤지는 어머니가 머물고 있을지도 모를 은수사로 오

른다. 문 앞까지 도착하지만, 안으로 들어가지 못한다. 안에서 들려오는 염불 소리는 바람에 흩어진다. 윤지는 끝내 돌아선다. 보이지 않은 것의 무게를 안고.

비가 내리고 밤이 깊어지자, 윤지는 108배를 올린다. 몸은 마음보다 먼저 반복한다. 그 과정에서 윤지는 깨닫는다. 산은 무너지지 않고, 돌탑도 흔들리지 않는다. 흔들리는 것은 오직 자기 자신뿐이라는 것을.

결국 윤지는 어머니를 만나지 못한 채 산을 내려온다. 그러나 무언가가 달라져 있다. 밤하늘 아래에서 그녀는 별의 이름을 부른다. 아버지를 위한 별 하나, 어머니를 위한 별 하나, 그리고 자기 자신을 위한 별 하나.

길은 계속된다.

거리는 여전히 남아 있다.

그러나 윤지는 걷는다.

Yoonji walks an autumn road lined with red metasequoia trees. She carries a small backpack, an old poetry book, and a question she has never dared to ask aloud.

Her mother is a Buddhist nun. Or perhaps only a memory shaped by longing.

Guided by fragments of poetry and the scent of angelica roots described in Baek Seok's poem "The Nun,"

Yoonji travels to Mt. Maisan and the stone pagodas of Tapsa. The mountains stand like parents—one she remembers, one she has never known. Between them, time seems to pause.

At Tapsa, Yoonji meets Venerable Cheonghye, a nun who listens without judgment. Through sparse words and long silences, Cheonghye explains that some encounters are not meant to happen—that not meeting can also be a form of destiny.

Yoonji climbs toward Eunsusa, the temple where her mother may be staying. She reaches the door but cannot enter. The chant inside fades into the wind. She turns back, carrying the weight of what remains unseen.

As rain falls and night deepens, Yoonji performs 108 bows, her body repeating what her heart cannot resolve. She realizes that the mountain does not collapse, the pagodas do not shake—only she does.

In the end, Yoonji descends the mountain without meeting her mother. Yet something has shifted. Under the night sky, she names the stars—one for her father, one for her mother, one for herself. The road continues. The distance remains.

But she walks on.

메타세쿼이아길 – 부귀, 가을 낮
META SEQUOIA ROAD - BUGWI / AUTUMN DAY

(엄마 스님을 찾아가는 길)

붉게 물든 메타세쿼이아 나무들이 긴 터널을 이룬다.
윤지가 작은 배낭을 메고 천천히 길을 걷는다.
발소리와 낙엽 밟히는 소리만.
가을빛이 스며드는 고요한 숲.
윤지는 잠시 멈춰, 가방에서 낡은 시집을 꺼낸다.
빛바랜 『백석 시집』을 펼친다.

윤지 (낭독) "가지취 냄새가 났다…"

잠시, 고개를 들어 먼 곳을 바라본다.
시 속 장면이 현실과 겹쳐지는 듯한 순간.

나무들 사이로 햇살이 쏟아진다.

윤지 (내레이션) "엄마는 이 시에 나오는 여승처럼,
　　　　　　　세상과 멀어진 길을 걷고 계신 걸까. 내가 숨
　　　　　　　쉬는 이 공기에도… 어디선가 그 냄새가 스며
　　　　　　　있지 않을까."

윤지는 시집을 덮고 조용히 숨을 내쉰다.
잠시 망설이다가, 결심하듯 일어난다.
배낭을 메고 길 앞에 선다.
낙엽이 바스락거리는 소리, 길게 드리워진 그림자.

윤지 (내레이션) "나는 아직 그 이름을 부르지 못한다.
　　　　　　　하지만 걸어간다.
　　　　　　　그림자처럼, 냄새처럼,
　　　　　　　아직 닿을 수 없는 사람을 향해."

윤지의 뒷모습이 멀어진다.
붉은 낙엽이 바람에 흩날린다.

화면에 뜨는 백석의 시 '여승'

여승은 합장하고 절을 했다
가지취의 냄새가 났다
쓸쓸한 낯이 옛날같이 늙었다
나는 불경처럼 서러워졌다

백석의 시 '여승' 중

윤지 (내레이션) 나무는 곧게 서 있고

나는 흔들리며 걷는다

(On her way to find her mother, a Buddhist nun)

A long tunnel of red-tinted metasequoia trees.

YOONJI walks slowly, carrying a small backpack.

Only the sound of footsteps and leaves being crushed.

Autumn light seeps into the silent forest.

She stops. Takes out an old poetry book from her bag.

A worn copy of Baek Seok's Poems.

She opens it.

YOONJI (reading aloud)

"There was the scent of angelica roots…"

She lifts her head, gazing into the distance.

For a moment, the poem overlaps with reality. Sunlight

pours between the trees.

YOONJI (V.O.)

"Is my mother walking a path like the nun in this

poem,far away from the world?

Even in the air I breathe now…could that scent be

lingering somewhere?"

She closes the book and exhales softly.After a brief hesitation, she stands, as if resolved.

Leaves rustle.Long shadows stretch across the path.

YOONJI (V.O.)

"I still cannot call her name.

But I walk.Like a shadow, like a scent,toward someone I cannot yet reach."

Her figure fades into the distance.Red leaves scatter in the wind.

On screen — Poem by Baek Seok: "The Nun"

The nun pressed her palms together and bowedThere was the scent of angelica rootsHer lonely face looked old, as if from another timeI became sorrowful, like a Buddhist scripture

— Baek Seok

YOONJI (V.O.)

"The trees stand straight.

I walk, trembling."

SCENE 2

메타세쿼이아길 끝 -
마이산 원경 (오후)
END OF META SEQUOIA ROAD - MT. MAISAN (AFTERNOON)

윤지의 어깨 너머로 멀리 두 봉우리가 솟은
마이산이 보인다.
그 실루엣이 가을 하늘 속에서 선명하다.
윤지는 한참 동안 그 산을 바라본다.

윤지 (내레이션) 길은 어디로 이어질까

산을 넘으면 엄마가 있을까

입술을 다문 채, 미세한 숨을 고른다.
바람 사이로 풍경소리가 희미하게 들린다.
그녀의 얼굴에 빛과 그늘이 교차한다.

Over Yoonji's shoulder, the twin peaks of Mt. Maisan rise in the distance.Sharp against the autumn sky. She stares for a long time.

YOONJI (V.O.)

"Where does this road lead?

If I cross the mountain,will my mother be there?"

She presses her lips together, steadying her breath. A faint temple bell drifts through the wind. Light and shadow cross her face.

타이틀
TITLE CARD

[저만치](1부)

CAST

김수진 청혜스님

SO FAR

CAST

KIM SUJIN VEN. CHEONGHYE

마이산 탑사 경내 (늦은 오후)
MAISAN TAPSA - LATE AFTERNOON

돌탑 숲 앞에 선 윤지.
하늘 위 두 봉우리를 바라본다.

윤지 (낭독, 노트에 적으며) "두 개의 산,
　　　　　　　　하나는 어머니,
　　　　　　　　하나는 아버지."
　　　　　　두 봉우리 사이에 잠든 시간,
　　　　　　나는 그 틈에 눕는다.

윤지(시를 읊는다)

"돌 하나 쌓으니 숨이 얹힌다
바람도 잠시 멈춘다"

윤지가 노트를 덮는 순간,
법당 문이 열리고 한 스님이 나온다.
스님이 윤지를 바라본다.

스님 "누구 만나러 왔어요?"

윤지 "그냥요… 저는 윤지라고 합니다. 김윤지.
      스님 좀 만나러 왔어요. 서진… 스님…?"

스님 (머뭇거리다가) "아, 네.

Yoonji stands before the forest of stone pagodas. She
looks up at the twin peaks above.
She writes in her notebook.

YOONJI (reading)

"Two mountains. One is my mother. One is my father.

Between them, time lies asleep.I lie in that narrow

space."

She continues, softly reciting.

YOONJI

"I stack one stone,and a breath settles upon it.

Even the wind pauses."

She closes the notebook.

The temple hall door opens.

A NUN steps out and looks at Yoonji.

NUN "Who are you here to see?"

YOONJI "I'm… Yoonji. Kim Yoonji. I came to see a nun.Seojin… Sunim?"

NUN "…I see."

법당 안 (늦은 오후)
DHARMA HALL - LATE AFTERNOON

청혜스님과 윤지가 바닥에 마주보고
정갈하게 앉아 있다.
윤지가 사진 한 장을 꺼내 보인다.
사진 속의 여인은 젊은 시절의 엄마 스님.

윤지 "이분이… 제 엄마일지도 몰라요."

스님이 잠시 사진을 바라본다.
눈빛에 연민이 스친다.

스님 "그분은 쉽게 사람을 만나지 않으십니다.
　　　그 길을 오래 걸어오신 분이지요."

윤지가 입술을 깨문다.

윤지 "그래도 확인해보고 싶어요.
　　　살아 있는 동안 단 한 번이라도…
　　　제가 진짜 그분의 딸인지,
　　　아니면… 그저 그리움 속에 만든 이름인지."

스님은 천천히 고개를 끄덕인다.

스님 "마음에 남은 어머니는 늘 곁에 있습니다.
　　　다만 우리가 보지 못할 뿐이지요.
　　　산은 산이고 물은 물입니다.

두 사람 사이에 고요한 시간이 흐른다.

VEN. CHEONGHYE and Yoonji sit facing each other
on the floor. Yoonji takes out a photograph.
A younger version of her mother in monastic robes.

YOONJI "This woman…might be my mother."

Cheonghye studies the photo. A trace of compassion passes through her eyes.

CHEONGHYE "She does not meet people easily. She has walked that path for a long time."
Yoonji bites her lip.

YOONJI "Still, I need to know. At least once in my life…whether I am truly her daughter,or just a name I made out of longing."
Cheonghye nods slowly.

CHEONGHYE "The mother who remains in your heart is always beside you. We simply fail to see her. Mountains are mountains. Water is water."
Silence flows between them.

탑사 돌계단
TAPSA STONE STEPS

장면 바뀌면,
두 사람은 돌탑 사이를 함께 걷는다.
청혜스님이 돌계단을 오르고 윤지가 뒤따라 오른다.

앞장서 올라가던 스님이 산 위를 손가락으로
가리킨다.

스님 "스님은 저 위 은수사에 계셔요."

윤지는 돌계단을 오르려다가 스님이 가리키는
은수사 쪽을 향해
고개를 들어 바라본다.
멀리서 풍경소리가 들린다.
빛이 그녀의 눈동자에 반사된다.

윤지 (조용히) "…은수사요."

윤지는 말없이 산길을 바라본다.
풍경소리가 점점 커진다.

They walk among the stone pagodas. Cheonghye points
uphill.

CHEONGHYE"She is up there, at Eunsusa."
Yoonji lifts her head toward the distant temple. A
temple bell echoes.

YOONJI (softly)"…Eunsusa."
They stand in silence.

은수사로 오르는 길
- 숲속 (해 질 무렵)
FOREST PATH TO EUNSUSA - DUSK

좁은 계단 사이로 빛이 스며든다.
윤지는 숨을 고르며 천천히 오른다.
단풍이 흩날리고, 빗방울 하나가 이마에 떨어진다.
먹구름이 몰려오고, 바람이 세진다.
그녀는 잠시 멈춰 위를 올려다본다.

윤지 (속말) "…엄마."

그 목소리가 바람에 섞여 사라진다.
멀리서 풍경소리가 울린다.

Light filters through narrow stone steps. Yoonji climbs slowly, catching her breath.

Leaves scatter. A raindrop falls on her forehead. Clouds gather. Wind rises. She stops, looks upward.

YOONJI (whispering) "…Mother."

The word dissolves into the wind.

은수사 돌탑이 있는 마당
EUNSUSA COURTYARD
- STONE PAGODA

마이산 숫마이봉과 암마이봉 사이에 들어선 은수사

7층 석탑이 서 있다. 석탑을 향해 걸어오는 윤지

윤지, 두 손을 합장해 보이고, 석탑을 향해 절을 한다

Between the twin peaks stands Eunsusa. A seven-story

stone pagoda.

Yoonji approaches, joins her palms, bows.

은수사 법당 앞 - 노을
EUNSUSA HALL - SUNSET

산 능선 위로 붉은 노을.

은수사 처마 끝에도 그 빛이 번진다.

윤지는 노을 속에 한참을 서 있다.

그녀의 눈가에 눈물이 살짝 번진다.

손끝이 미세하게 떨린다.

윤지는 천천히 발걸음을 옮긴다.

문 앞까지 간다.

Crimson light spreads across the roof eaves. Yoonji

stands still, eyes moist.

Her hand trembles slightly.

She walks toward the door.

은수사 문 앞 - 망설임
EUNSUSA DOOR - HESITATION

윤지가 문고리를 잡았다가 놓는다.
안쪽에서 낮은 독경 소리가 들리는 것도 같다.
윤지의 눈가가 젖는다.

윤지 (속말) "정말… 엄마 스님이 계신 걸까…"

윤지는 문 앞에서 멈춰 선 채, 고개를 숙인다.
법당 벽의 심우도 그림이 바람에 흔들린다.
그녀는 조용히 앉아 그 그림을 바라본다.
시간이 천천히 흐른다.

Her hand grips the handle, then releases it. A faint chant

seems to come from inside.

YOONJI (whispering) "Is she really here…?"

She lowers her head. A Ox-Herding Painting flutters on

the wall.

Time passes.

은수사 계단 - 하산 전 (해 질 무렵)
EUNSUSA STEPS - BEFORE DESCENT

가파른 돌계단 아래로 이어진 길.

윤지가 천천히 내려가 돌계단에 뒤돌아 앉는다.

숨결이 무겁고, 손끝이 떨린다.

멀어지는 풍경소리.

붉은 노을이 산자락을 덮는다.

윤지 (속삭임) "…엄마."

그 목소리가 사라지는 순간,

바람이 잠시 멈춘다.

Yoonji sits on the stone steps. Her breath is heavy.

YOONJI (whispering) "…Mother."

The wind stops.

가을 산길 (하산)
Autumn Mountain Path (Descending)

붉은 단풍잎들이 바람에 흩날린다.
윤지가 잠시 멈춰 선다.
손끝으로 나뭇잎 하나를 잡아 본다.

윤지 (내레이션) "나는 왜, 지금 여기에 온 걸까…"

바람에 까마귀 소리가 섞인다.

길 위로 노을이 번진다.

Red maple leaves scatter in the wind.

Yoon-ji comes to a brief halt.

She reaches out, catching a single leaf between her fingers.

YOON-JI (V.O.)

"Why am I here… now, of all times?"

The cry of a crow cuts through the wind.

The path is slowly washed in the light of dusk. SCENE

탑사 템플스테이 문 앞 - 밤
In Front of Tapsa Temple Stay – Night

절간 입구. 나무들 사이로 보이는

탑사 문간이 고요하다.

윤지가 걸음을 멈추고, 숨을 고른다.

두 손으로 문틀을 살짝 짚는다.

안쪽에서는 낮은 독경 소리가 바람을 타고 번진다.

윤지의 눈빛이 미세하게 흔들린다.

긴장과 갈망이 교차한다.

그녀는 잠시 문 앞에 서 있다가, 천천히 숨을 내쉰다.

The entrance to the temple.

Between the trees, the doorway of Tapsa stands in

silence.

Yoon-ji stops, steadying her breath.

She lightly touches the wooden doorframe with both
hands.
From inside, a low chant drifts outward on the wind.
Yoon-ji's gaze wavers almost imperceptibly
tension and longing crossing her face.
She remains standing before the door for a moment,
then slowly exhales.

방 안 - 밤
Interior Room - Night

윤지가 템플스테이 방 안에 누워 있다.
가방 옆에는 낡은 『백석 시집』이 놓여 있다.
백석 시집 갈피에 꽂혀 있는 엄마 사진.
사진을 한참 바라보고 있는 윤지
그녀는 책을 펼치고 작은 목소리로 읊는다.

윤지 (낭독) "여승은 합장하고 절을 했다
　　　　　　가지취 냄새가 났다…"

눈빛이 멀어지고, 얼굴엔 외로움이 묻어난다.
천천히 돌아누워 천장을 바라본다.
방 안의 고요 속에서 바람이 문을 스친다.

윤지 스르르 눈을 감고 꿈결인 듯 잠 속으로 빠진다.

(꿈 속에서) 장엄한 마이산 탑사가 윤지의 꿈의
지평에 떠오른다.

윤지 (낭독) '나는 불경처럼 서러워졌다'

Yoon-ji lies inside the temple stay room.

Beside her bag rests a worn copy of Baek Seok's Poems.

Tucked between the pages, a photograph of her mother.

Yoon-ji gazes at the photograph for a long moment.

She opens the book and softly recites.

YOON-JI (READING)

"The nun pressed her palms together and bowed.

There was the scent of angelica roots…"

She stops.

Her gaze drifts.

Loneliness settles across her face.

She slowly turns onto her side, staring up at the ceiling.

In the stillness of the room,

wind brushes against the door.

Yoon-ji gently closes her eyes,

slipping into sleep, as if into a dream.

YOON-JI (READING)

"I became sorrowful, like a Buddhist scripture."

꿈 속 밤 풍경 - 탑사 외부
Tapsa Exterior, Night

깊은 밤. 탑사 경내 곳곳에
크고 작은 돌탑들이 서 있다.
암마이봉의 어두운 실루엣이 벽처럼 솟아 있다.
작은 등불 하나가 바람에 흔들린다.
멀리서 풀벌레 소리.
바람이 돌탑 사이를 지나간다.
고요하지만, 묘하게 공허한 밤공기.

윤지 (낭독) "문 안의 불빛은
　　　　　나를 부르지 않는다.
　　　　　나는 바람만 듣는다."

잠시 멈추다가,

윤지 (낭독) "창문 안 불빛,

　　　누구의 기도일까.

　　　나는 문밖에서 듣는다."

Deep night.

Large and small stone pagodas stand scattered

throughout the temple grounds.

The dark silhouette of Ammaibong Peak rises like a

wall.

A single lantern trembles in the wind.

From afar, the sound of insects.

Wind passes between the stone pagodas.

The night air is quiet,

yet strangely hollow.

YOON-JI (READING)

"The light inside the door

does not call me.

I listen only to the wind."

A pause.

YOON-JI (READING)

"The light inside the window—

whose prayer is it?

I listen from outside the door."

탑사 마당 - 비의 시작~
TAPSA COURTYARD - RAIN BEGINS

바람이 돌탑 숲 사이로 몰려든다.
낙엽이 흩날리고, 빗방울이 떨어지기 시작한다.
윤지의 손 위로 단풍잎 하나가 내려앉는다.
그녀의 눈동자에 젖은 탑이 비친다.

스님 (멀리서) "비가 곧 거세질 겁니다.
　　　　　　　　안으로 들어와요."

윤지는 천천히 고개를 올려다보다가
손바닥에 떨어지는 빗방울 하나를 본 뒤
이윽고 돌계단을 올라 법당으로
뛰어 올라간다.
비가 내린다
비가 내린다

급기야 폭우가 쏟아진다.

Wind surges. Leaves scatter. Raindrops fall.

NUN (O.S.) "The rain will grow heavy. Come inside."

Rain intensifies.

법당 안 - 108배(빗소리)
DHARMA HALL - 108 BOWS

촛불이 바람에 흔들리고, 빗소리가 거세다.
윤지가 108배를 한다.
손끝이 떨리고, 숨결이 거칠다.
스님이 촛불 옆에 향을 피운다.
연기가 천천히 천장을 향해 오른다.

스님 (조용히) "은수사에 갔다 왔군요.
　　　　　　　그곳에 어머님이 계신지,
　　　　　　　그 마음이 먼저 묻고 있군요."

윤지가 엎드린 채 잠시 망설인다.
조용히 고개를 든다.

윤지 (일어서 합장하면서) "…정말 그곳에 계실까요?

아니면… 제가 만들어낸 그리움일까요.”

스님 (잔잔히) “사람의 마음은 허공 같아요.
　　　　　　찾고자 하면 그림자도 형상이 됩니다.
　　　　　　계시든 안 계시든,
　　　　　　그리움이 닿는 자리에 어머님은 이미
　　　　　　앉아 계신 겁니다.
　　　　　　이 산은 오래된 기억을 품고 있으니,
　　　　　　묻지 않아도 답을 들려줍니다.”

윤지가 눈을 감고 읊는다.

윤지 (낭독) "돌벽을 두드리는 빗소리,

　　　　　내 안의 빈자리도 함께 울린다.

　　　　　한 번 울리면,

　　　　　천 번이 울린다.

　　　　　나는 그중 하나."

스님은 조용히 고개를 끄덕인다.

법당의 촛불이 미세하게 흔들린다.

Candlelight trembles. Yoonji performs 108 bows.

CHEONGHYE"You went to Eunsusa. Your heart asked firstwhether your mother was there."

YOONJI"Is she really there…or just a longing I created?"

CHEONGHYE"Whether she is or not,your longing is

already seated there."

Yoonji recites:

YOONJI

"Rain strikes the stone walls.

The empty space inside me echoes too.

One strike becomes a thousand.

I am one of them."

법당 내부 - 촛불(빗소리)
Interior Dharma Hall - Candlelight (Sound of Rain)

법당 안.
밖에는 폭우가 내리고 있다.
촛불이 빗소리에 따라 흔들린다.
윤지가 무릎을 꿇고 앉는다.
스님은 향을 피운다.

스님
"마음을 잠시 내려놓으세요.
이 산은 오래된 기억을 담고 있답니다."

윤지가 눈을 감는다.

윤지 (속말) "오래된…기억"

빗소리가 더욱 거세진다. 지붕을 두드린다.
그녀는 다시 눈을 감고 숨을 고른다.

Inside the Dharma Hall.

Outside, torrential rain pours down.

The candle flame trembles in rhythm with the rain.

Yoon-ji kneels on the floor.

The nun lights incense.

NUN

"Set your mind down, just for a moment.

This mountain holds very old memories."

Yoon-ji closes her eyes.

The rain grows heavier, pounding against the roof.

She closes her eyes again,

steadies her breath.

법당 문- 폭우1
DHARMA HALL DOOR - TORRENTIAL RAIN

폭우가 쏟아진다.

돌탑 사이로 빗물이 폭포처럼 흘러내린다.

윤지가 법당문을 열고 문가에서 밖을 바라본다.

눈가에 눈물과 빗물이 함께 번진다.

윤지 (낭독) "탑은 무너지지 않는다.

빗물 속에서도,

나만 흔들린다."

그녀의 시선이 돌탑 위로 멈춘다.

빗물과 눈물이 구분되지 않는다.

Yoonji opens the door and steps outside.

YOONJI

"The pagoda does not collapse.

Even in the rain,only I am shaking."

법당 문 앞 - 폭우2
OUTSIDE THE DHARMA HALL - TORRENTIAL RAIN

윤지가 문을 열고 나와 법당 모퉁이를 돌아갈 때
스님이 비옷을 들고 나온다.
윤지와 스님 모두 폭우에 어깨가 젖는다.

스님(윤지를 향해 비옷을 건네주며)
　　　이거 갖고 가요.

윤지, 비옷을 받아 걸치고 묵묵히 돌탑 아래를
걸어내려간다
스님 법당 앞에서 돌탑 아래를 걸어가는
윤지를 한참 바라본다
은수사 쪽 언덕길을 향해 비옷을 걸치고
걸어올라가는 윤지

윤지를 바라보는 스님,

가슴이 먹먹하다.

As she turns the corner of the Dharma hall,

the nun comes out holding a raincoat.

Heavy rain soaks both Yoonji and the nun,

their shoulders quickly drenched.

NUN

"Take this with you."

Yoonji accepts the raincoat, puts it on,

and silently walks down beneath the stone pagodas.

The nun remains standing in front of the Dharma hall,

watching Yoonji for a long moment

as she walks away below the pagodas.

Wearing the raincoat,

Yoonji heads uphill toward the slope leading to Eunsu

Temple.

The nun continues to watch her.

Her chest tighted

폭우 속 산길
MOUNTAIN PATH - TORRENTIAL RAIN

은수사 쪽 산길을 향해 발을 내딛는 윤지

빗속에서 한 걸음 한 걸음 올라간다.

발자국이 빗물에 지워진다.

멀리서 스님이 조용히 그녀를 바라본다.

Yoonji steps onto the mountain path

leading toward Eunsu Temple.

She climbs,

one step at a time,

through the heavy rain.

Her footprints

are washed away by the water.

From a distance,

the nun watches her quietly.

은수사 입구 - 비 개인 오전
EUNSUSA ENTRANCE - MORNING (AFTER RAIN)

비가 잦아들고, 숲에는 물방울이 반짝인다.
윤지가 비옷을 벗고 손에 든 채 돌계단을 오른다.
숨이 가쁘다.
새 한 마리가 숲속을 스친다.
윤지가 잠시 계단에 앉는다.

윤지 (혼잣말) "가을비는…여우비구나"

그녀의 시선이 위를 향한다.
나무 사이로 은수사의 지붕이 보인다.
그 순간, 빛이 산 안쪽으로 스며든다.

The rain has eased.

Water droplets glisten throughout the forest.

Yoonji climbs the stone steps,

holding her raincoat in her hand.

Her breathing is heavy.

A bird darts through the trees.

Yoonji pauses and sits on the steps.

She lifts her gaze upward. Between the trees,

the roof of Eunsusa comes into view.

At that moment,

light seeps quietly into the depths of the mountain.

은수사 법당 앞- 적막
IN FRONT OF EUNSUSA MAIN HALL - STILLNESS

문 앞에 검정 고무신이 가지런히 놓여 있다.

윤지(똑똑 법당 문을 두드리며 떨리는 목소리)

　"스님… 계신가요?"

소리가 없다. 응답 없는 침묵
한참을 망설이던 윤지가 이윽고 법당 문을 열어본다.
스님은 없고 스님의 법복만이
가지런히 개어져 놓여 있다.
그 모양을 한참 바라보는 윤지
윤지의 표정에 낙담과 절망이 스친다.
그동안의 기대가 한꺼번에 무너진 듯하다.

A pair of black rubber shoes is neatly placed in front of
the door.

Yoonji knocks gently on the temple door,
her voice trembling.

YOONJI

"… are you inside?"

No sound.

An answering silence.

After hesitating for a long moment,

Yoonji slowly opens the temple door.

The nun is not there.

Only the neatly folded monastic robe remains.

Yoonji stands, staring at it for a long time.

Disappointment and despair pass across her face,

as if all her long-held expectations collapse at once.

No one is there.Only robes neatly folded.

Yoonji collapses.

YOONJI "Why… not even once…"

법당 문 앞 - 응답 없는 침묵
IN FRONT OF THE DHARMA HALL - SILENCE

윤지 뒤돌아 법당 문을 닫으면서 무너지듯
주저앉는다.

윤지(작은 목소리, 눈물 섞임)
"왜… 단 한 번도… 찾아오지 않았나요."

문 앞에 단정하게 놓인 검정 고무신을 어루만지는
윤지.

(잠시 침묵)

Yoonji turns back and gently closes the temple door.

She collapses to the ground as if her strength has given

way.

YOONJI(softly, through tears)

Why… not even once…

did you come to see me?

She reaches out and touches the neatly placed black

rubber shoes in front of the door.

(A moment of silence.)

큰 북 앞 - 기다림과 고독
BEFORE THE LARGE DRUM - WAITING AND SOLITUDE

(북을 세 번 쳐보며)

윤지(속 시 낭독, 낮은 목소리)

바람 스치는 벽 앞에 앉아
그림자 따라 한 발씩 걷는다
닿을 수 없는 당신
오늘도, 내일도
나는 기다린다.

(She strikes the drum three times.)

YOONJI (V.O.)

(low, reciting her inner poem)

I sit before a wall brushed by wind.

I follow a shadow, one step at a time.

You whom I cannot reach

today, and tomorrow,

I wait.

은수사 뒷길 - 내려오는 윤지
BEHIND EUNSUSA - Yoonji DESCENDING

카메라가 숲 사이로 그녀를 따라간다.

The camera follows her through the forest,
moving between the trees.

산길 - 하산의 시작
MOUNTAIN PATH - THE BEGINNING OF THE DESCENT

멀리 산길을 내려오는 윤지가 보인다.
중년의 등산객이 산길을 올라가다, 윤지와 스친다.

윤지(속말) …끝내… 만나지 못하는구나.

윤지(속말, 숲속 안개 속에서)

　　산은 산이고, 물은 물이다…

일순 정적을 깨듯 윤지의 핸드폰이 울린다.
핸드폰을 열어 전화를 받는 윤지
한참동안 전화기를 귀에 대고 듣는다
윤지가 통화 내용을 들으며 절망한다.

이내 오열하는 윤지, 주저앉는다.
주저앉으면 숲속이 윤지의 울음소리로 뒤덮이는
듯하다.

From a distance, Yoonji is seen walking down the
mountain path.
A middle-aged hiker passes by her, heading upward.

YOONJI (V.O.)

…In the end…I didn't get to meet you.

YOONJI (V.O., in the forest mist)

A mountain is a mountain, and water is water…

Suddenly, breaking the stillness,

Yoonji's phone rings.

She takes out her phone and answers the call.

As she listens, despair overtakes her face.

Yoonji breaks down in tears and collapses to the ground.

As she sinks down,

it feels as if the forest is filled with the sound of her

crying.

숲속 - 무너져 내리는 감정
(익스트림 클로즈업)
COLLAPSING EMOTION
(YOONJI, EXTREME CLOSE-UP)

윤지(울면서, 혼잣말인 듯 속말인 듯)

한 번만이라도… 한 번만이라도…

윤지 눈물을 그치고 일어나서, 잠시 하늘을
올려다보며

윤지 (혼잣말) "산은… 여전히… 제 자리구나."

윤지 돌아보면 어느새 숲속
저만치 스님이 안타까운 듯 안쓰러운 듯
윤지를 지켜보고 있다.

YOONJI

(crying, in a whisper)

Just once… even just once…

She stands up,

then pauses and looks up at the sky.

YOONJI (V.O.)

The mountain…is still… right where it is.

As she turns around,

she sees the nun standing far away in the forest,

quietly watching her.

산길 - 젖은 숲
MOUNTAIN PATH - WET FOREST

윤지가 스님을 한참 동안 바라본다

(시간 경과)

Yoonji looks at the nun for a long moment.

(Time passes.)

작은 폭포 옆 - 정화(淨化)
BESIDE A SMALL WATERFALL - PURIFICATION

윤지가 계곡 옆에 앉아 손과 얼굴을 씻는다.
그때 조용히 다가와 윤지 곁에 앉는 스님.
윤지의 어깨를 가만히 쓸어주다 다독인다.

스님 "산은 늘 그 자리에 있지요"

윤지(눈물로 젖은 얼굴, 고개 끄덕이며)
　　　…네.

Yoonji sits by the stream and washes her hands and face.

The nun approaches quietly and sits beside her.

She gently brushes Yoonji's shoulder, offering comfort.

NUN

The mountain is always where it is.

YOONJI

(her face wet with tears, nodding)

…Yes.

법당 안 - 헤어짐
INSIDE THE DHARMA HALL - FAREWELL

윤지와 스님이 법당 안에 서로 마주 보고 앉아 있다.

윤지

"저는… 이제 돌아갈까 합니다."

스님

"때로는, 보지 못한 것도 인연입니다."

Yoonji and the nun sit facing each other inside the
Dharma hall.

YOONJI

I think… it's time for me to go back.

NUN

Sometimes, even what we do not see

is part of the bond.

밤하늘, 별과 탑
NIGHT SKY - STARS AND PAGODAS

윤지가 법당 문을 열고 밖으로 나온다.
밤하늘 아래 돌탑이 희미하게 빛난다.

윤지(낮게, 속으로 읊조리며) 별 하나에 아버지,
　　　　　　　　　　　　별 하나에 어머니,
　　　　　　　　　　　　별 하나에 나 혼자.

(잠시 정적, 별빛과 함께)

윤지(속말) 별 하나에 사랑,
　　　　　별 하나에 그리움,
　　　　　별 하나에 나.

Yoonji opens the door of the Dharma hall and steps

outside.

Under the night sky, the stone pagodas glow faintly.

YOONJI

(softly, murmuring to herself)

One star for my father,

one star for my mother,

one star for me, alone.

(A brief silence, held with starlight.)

YOONJI (V.O.)

One star for love,

one star for longing,

one star for me.

탑사 돌탑 숲 - 마지막 시선
TAPSA STONE PAGODA GROVE - FINAL GAZE

윤지(속말, 돌탑 아래 앉으며 호흡한다)

잠시, 돌도 숨을 쉰다.

돌도 내 손 같다.

Yoonji sits beneath the stone pagodas, breathing quietly.

YOONJI (V.O.)

For a moment, even the stones breathe.

The stones feel like my hands.

탑사 마당 – 마지막 시선
TAPSA COURTYARD - FINAL LOOK

윤지가 탑사 마당을 향해 걸어간다.

윤지(속말)

산은 산이고, 물은 물이다…

Yoonji walks toward the Tapsa courtyard.

YOONJI (V.O.)

The mountain is the mountain,

and the water is the water…

탑사 천지탑 앞 - 떠나는 날 아침
IN FRONT OF CHEONJI PAGODA, TAPSA
- MORNING OF DEPARTURE

가을빛이 내려앉은 돌탑 사이를 윤지가 걷는다.

노트를 꺼내 짧은 시를 적는 윤지.

윤지 (낭독) 쌓는 이는 묵언으로
          돌은 기도로 남는다

          낯선 발길에도
          돌탑은 무너지지 않는다

          나는 언제 무너질까

멀리서 비구니 스님이 다가온다.

잔잔한 미소를 짓는다.

스님
"돌탑은 모두 큰 공덕을 담아 쌓은 겁니다."

윤지가 고개를 든다.

윤지 (조용히, 그러나 아직 아쉬움이 남은 듯)
　　"위로 가면… 은수사에 정말 서진 스님이
　　계실까요."

스님
"네, 계시지요.
 하지만 쉽게 만날 수 없는 길이기도 합니다."

윤지가 잠시 침묵한다.
산 위를 바라보는 윤지 눈빛에 여전한 망설임이
깃든다.

Autumn light settles among the stone pagodas.

Yoonji walks slowly between them.

She takes out a notebook and writes a short poem.

YOONJI (reading aloud)

Those who stack do so in silence.

The stones remain as prayer.

Even beneath unfamiliar footsteps,

the stone pagodas do not collapse.

When will I collapse?

From a distance, a Nun approaches, wearing a gentle

smile.

NUN

Every one of these pagodas was built holding great

merit.

Yoonji looks up.

YOONJI (softly)

If I go higher…is Seojin Sunim truly at Eunsusa?

NUN

Yes, she is. But it is not an easy path to climb.

Yoonji falls into silence.

Her eyes rest on the mountain above, hesitation

flickering within them.

탑사 산문 - 스님과 마지막 인사
TAPSA GATE - FINAL FAREWELL

윤지가 가방을 메고 산문 밖을 나온다.
뒤따라 나오는 스님
윤지를 배웅한다.

스님
만나지 못한 것도, 이렇게 우리가 만난 것도 인연의
한 모습이지요.

윤지(조용히 미소)
…네.

Yoonji steps outside the temple gate, her bag over her

shoulder.

The nun follows and sees her off.

NUN

Not meeting, and meeting as we have

both are forms of karmic connection.

YOONJI (a quiet smile)

…Yes.

마이산 산문 밖
OUTSIDE THE MAISAN TEMPLE GATE

윤지(속말, 뒤돌아보며)

숲길을 내려오다 다시 뒤돌아본다.

탑은 나를 보지 않는다.

돌아보면 언제나 멀리.

멀리 있는 것이 나를 부른다

Yoonji walks down the forest path, then turns back.

YOONJI (V.O.)

The pagoda does not look at me.

Whenever I turn back, it is always far away.

What is far away never calls me.

산문 밖 - 계곡 소리
OUTSIDE THE GATE - SOUND OF THE STREAM

윤지(속말) …물은, 물이구나.

YOONJI (V.O.)

…Water is water.

마이산 산맥 드론 샷
MAISAN RIDGE - DRONE SHOT

화면은 마이산 암마이봉 숫마이봉을 따라 길게
장엄하게 뻗은 산맥을 보여준다.

그 아래 탑사와 은수사, 그리고 금당사와
숲길 속 호수가 보인다.

화면은 이어서 탑사 입구 주차장과 상가를
따라 강물처럼 느리게 흘러간다.

윤지(화면 위로, 보이스오버)

산이 물이 길이… 모두 연결되어 있구나.
내 마음도, 이제 조금은 고요해지고 있어.
폭우가 지나간 뒤, 모든 것이 맑게 빛나고 있어.

흐름 속에 나도, 조금씩 나를 맡긴다.
…이 길 위에서, 나는 다시 걸을 수 있겠구나.
산과 물과 하늘이 모두 나를 품고 있네.

YOONJI (V.O.)

Mountains, water, and paths—all are connected.

My heart, too, is becoming

a little quieter now.

After the torrential rain passes,

everything shines clear.

Within the flow,

I slowly entrust myself.

On this path,

I can walk again.

Mountain, water, and sky

all of them hold me.

부귀 메타세쿼이아길 - 귀로
BUGWI METASEQUOIA ROAD - THE WAY BACK

윤지(속말)

(조용히, 발자국소리와 함께)

바람은 대답하지 않고

잎새들은 천천히 나를 스친다

나는 걷는다, 잊힌 이름을 부르듯

아직 부르지 못한 사람을 향해

YOONJI (V.O.)

(softly, with the sound of footsteps)

The wind does not answer.

Leaves brush past me, slowly.

I walk,

as if calling a forgotten name,

toward someone

I have yet been able to call.

길 끝 - 멀어지는 모습
END OF THE ROAD - RECEDING FIGURE

윤지(속말)

산은 산이고, 물은 물이다.

(인서트) 엄마의 낡은 젊은 날의 흑백 사진이 화면
위로 뜬다

윤지(시 낭독, 낮게)

멀리 있는 산,

멀리 있는 어머니,

멀리 있는 나.

YOONJI (V.O.)

Water is water.

(INSERT: An old photograph of her mother.)

YOONJI (V.O., poem recitation, low)

A distant mountain,

a distant mother,

a distant me.

엔딩 – 메타세콰이어길
ENDING - METASEQUOIA ROAD

멀리서 버스가 달려온다.

버스를 향해 다가가는 윤지

버스가 멈춘다.

윤지(낮게, 시 낭독)

…가지취 냄새가 났다…

(마지막 장면 – 드론 롱숏, 윤지 점처럼 걸어가며

자막과 함께 페이드아웃)

A bus approaches from afar.

Yoonji walks toward it.

The bus stops.

YOONJI (V.O., softly reciting)

...There was the scent of wild aster...

(FINAL SHOT – Drone long shot.

Yoonji becomes a small dot as she walks away.

Titles appear. Fade out.)

THE END – SO FAR

윤지는 전북 부귀의 조용한 길에서 여정을 시작한다. 메타세쿼이아 나무들이 붉은 터널처럼 이어진 길. 가을빛이 잎 사이로 스며든다. 그녀는 백석의 시집 한 권을 들고 홀로 걷는다. 시 속에는 두 손을 모은 여승이 있고, 가지취 향이 있으며, 말로 붙잡을 수 없는 시간의 감각이 흐른다.

윤지의 어머니는 윤지가 어릴 때 세속을 떠나 출가했다. 그 이후 '어머니'라는 단어는 존재라기보다 부재에 가까웠다. 기억 속의 어머니가 실제로 그러한 선택을 했는지, 아니면 그 거리감이 윤지 스스로 만들어낸 이야기인지, 윤지는 확신하지 못한다.

그녀의 길은 진안 마이산으로 이어진다. 마이산 두 봉우리는 침묵 속에서 서 있다. 그 아래에는 수백 개의 돌탑이 숲처럼 자리한 탑사가 있다. 윤지는 각각의 돌이 숨결과 기도를 품고 있는 것처럼 느낀다.

윤지는 이곳에서 청혜스님을 만난다. 차분하고 절제된 태도의 비구니. 윤지는 젊은 시절의 어머니가 남긴 사진을 보여준다. 청혜스님은 확답을 주지 않는다. 대신 오래 걸어온 길에 대해, 산은 여전히 산이고 물은 여전히 물이라는 말만을 남긴다.

청혜스님은 윤지가 찾는 비구니가 은수사에 머물고 있다고 전한다. 그 이름만으로도 윤지는 멈칫한다.

해가 기울 무렵, 윤지는 숲길을 따라 은수사로 오른다. 바람이 거세지고, 구름이 모여든다. 그녀는 '엄마'라는 말을 속삭이지만, 그것은 공기 속으로 사라진다. 은수사에 도착한 윤지는 돌탑 앞에 절을 하고, 법당 문 앞에 선다. 안에서는 희미한 염불 소리가 들려온다. 손잡이를 잡았다가 놓고, 기다린다. 시간은 늘어진다. 그녀는 문턱을 넘지 못한다.

그날 밤, 비가 내리기 시작한다. 탑사의 법당에서 윤지는 108배를 올린다. 몸은 반복적으로 굽혀지고 일어서며, 평생의 망설임을 풀어내려는 듯하다. 청혜스님은 그리움 자체가 이미 어머니가 있을 자리로 먼저 가 있다고 말한다.

비는 더 거세진다. 윤지는 깨닫는다. 돌탑은 무너지지 않는다. 폭우 속에서도. 흔들리는 것은 오직 자기 자신뿐이다.

새벽녘, 윤지는 산을 떠난다. 하산길에서 전화가 울린다. 이미 알고 있던 사실을 확인하는 소식. 이번에는 어머니를 만날 수 없다는 것. 윤지는 무너져 울다가, 변함없이 서 있는 산을 올려다본다.

개울가에서 얼굴을 씻는데 비구니 스님이 다가와 말한다.

"산은 늘 그 자리에 있습니다."

밤하늘 아래서 윤지는 별의 이름을 부른다. 아버지, 어머니, 그리고 자기 자신. 길은 멀고, 거리는 남아 있다. 그러나 윤지는 계속 걷는다.

멀다는 것은 닿을 수 없다는 뜻이 아니다.

때로는, 그것이 시작점이 된다.

[저만치 가까이](영문 제목:SO FAR, SO NEAR)는 거리(distance)에 관한 영화다.

어머니와 딸 사이의 거리, 믿음과 의심 사이의 거리, 만나고 싶은 욕망과 만나지 않기로 선택하는 용기 사이의 거리.

첫 번째 파트인 〈저만치〉(SO FAR)는 전통적인 화해나 재회를 목표로 하지 않는다. 대신, 한 사람이 어떤 만남의 문 앞까지 다가가서, 의식적으로든 무의식적으로든, 멈춰 서는 순간을 바라본다. 그 멈춤 속에서 더 정직한 무언가가 드러난다고 믿는다.

윤지의 여정은 어머니를 찾는 이야기가 아니다. 그것은 그리움의 형태를 인식해 가는 과정이다. 불교에서 집착은 단순히 끊어내야 할 대상이 아니라, 분명하게 바라보아야 할 상태다. 이 영화에서 산은 변하지 않는다. 돌탑은 말을 하지 않는다. 자연은 답을 주지 않는다. 오직 존재할 뿐이다.

영화적으로 나는 침묵이 대사처럼 기능하길 원했다.

긴 롱테이크, 절제된 카메라 움직임, 자연의 소리들
은 관객이 윤지의 내적 리듬 안으로 들어오도록 돕는
다. 윤지가 말하거나, 영화 속에서 직접 쓰는 시는 장
식이 아니라, 말로 다할 수 없는 것을 건너는 또 하나
의 언어다.

해결되지 않은 관계와 함께 우리는 어떻게 살아갈
수 있는가.

[저만치 가까이]는 거리를 해소하지 않는다. 그 대
신, 그 거리와 함께 걷기를 제안한다.

가까이
SO NEAR

65세의 은퇴한 대학교수 수연은 전라남도 보성 깊은 산중에 자리한 외딴 사찰 대원사에 도착한다. 겉으로는 짧은 템플스테이에 참여하기 위해서지만, 실제로 그녀는 오래도록 억눌러온 하나의 짐을 안고 있다. 삶과 죽음, 그리고 한때 잊었으나 끝내 마주하지 못했던 선택에 얽힌 깊은 슬픔이다.

대원사 경내에 들어서는 순간부터 수연은 어딘가 불온한 기운을 느낀다. 숲은 그녀를 바라보는 듯하고, 침묵은 밀도 있게 나가온다. 새벽 예불, 마당을 쓸고, 연못 옆을 걷는 반복적인 사찰의 일상은 그녀의 방어를 조금씩 벗겨낸다. 노(老)비구니 서진스님과의 대화는 답을 주지 않지만, 수연이 오랫동안 묻어두었던 질문들을 서서히 느슨하게 풀어낸다.

시간이 흐르며 수연은 일련의 정신적·육체적 수행을 겪는다. 빗속에서의 108배, 산 정상에서의 침묵 명상, 티베트 싱잉볼 의식, 그리고 티베트 박물관 안에서의 상징적인 관 체험. 이 모든 경험은 죽음을 추상적인 개념이 아닌, 그녀의 삶을 조용히 규정해온 친밀한 존재로 마주하게 만든다.

수연의 여정의 감정적 중심은 태아영불을 위한 위패들이 모셔진 장소에서 찾아온다. 그곳에서 수연은 수십 년간 외면해 온 기억과 마주한다. 억눌렸던 슬픔이 통제할 수 없이 터져 나오지만, 사찰의 고요와 주변의 연민 속에서 그것은 무너지지 않고 버텨진다.

숲속 수목장 터에서 수연은 처음으로 잃어버린 존재에게 말을 건다. 그곳에서 그녀가 발견하는 것은 구원이 아니라, 더 조용한 무언가—받아들임, 그리고 스스로 자기를 용서할 수 있을지도 모른다는 가능성이다.

사찰을 떠날 때 산은 멀어지지만, 침묵은 그녀와 함께 남는다. 죽음은 더 이상 끝처럼 느껴지지 않는다. 그것은 우리가 얼마나 깊이, 혹은 얼마나 조심스럽게 살아왔는지를 비추는 또 하나의 문이 된다.

〈가까이〉는 는 애도와 기억, 그리고 삶과 죽음이 잠시 스쳐 가는 연약한 순간에 관한 사유적인 영화다.

Synopsis

Soo-yeon, a 65-year-old retired university professor, arrives at a remote Buddhist temple deep in the mountains of Boseong, South Korea. Officially, she comes to participate in a short temple stay. Unofficially, she carries an unspoken burden—a long-suppressed grief tied to life, death, and a choice she once made and never fully faced.

From the moment she enters the temple grounds, Soo-yeon senses something unsettled. The forest seems to watch her. Silence presses close. The rituals of the temple—early morning prayers, sweeping the courtyard, walking along lotus ponds—slowly strip away her defenses. Conversations with SEOJIN, an old Buddhist nun, do not offer answers but gently loosen the questions Soo-yeon has kept buried.

As days pass, Soo-yeon undergoes a series of spiritual and physical practices: 108 prostrations in the rain, silent meditation atop a mountain, a Tibetan singing bowl ritual, and finally a symbolic coffin experience inside a

Tibetan museum. Each encounter brings her closer to confronting death—not as an abstract idea, but as an intimate presence that has quietly shaped her life.

Her journey reaches its emotional core at a shrine dedicated to unborn spirits. There, Soo-yeon finally faces the memory she has avoided for decades. Grief breaks through, raw and uncontrollable, yet held within the stillness of the temple and the compassion of those around her.

In the forest, at a tree burial site, Soo-yeon speaks for the first time to the one she lost. It is not redemption she finds, but something quieter: acceptance, and the possibility of forgiving herself.

As she leaves the temple, the mountains recede, but the silence remains with her. Death no longer appears as an ending, but as another doorway—one that reflects how deeply, or how gently, we have lived.

SO Near, Yet Far is a contemplative film about mourning, memory, and the fragile moment when life and death briefly touch.

보성 대원사 길 (오후)
DAEWONSA MOUNTAIN ROAD - AFTERNOON

수연의 차가 산길을 달린다.

창을 열며 조용히 바람을 느껴보는 수연.

그때 누군가 차 옆을 스쳐 지나간다

열린 창으로 뒤돌아보는 수연

그린데 산길에 아무도 없다. 텅빈 숲길. 이상하다.

타이틀

[가까이] (2부) SO NEAR

CAST 최경희 서진스님
　　　현장스님
　　　페마스님·체링스님(티벳)

누군가를 본 것 같은데 하는 표정으로
다시 자동차의 시동을 거는 수연.
산길을 따라 차가 천천히 오른다.
울창한 녹음 사이 대원사 절이 보인다.
주변은 울창한 삼나무 숲. 새소리, 바람 소리.

CAST

CHOI KYUNG-HEE

SEOJIN, the Nun

Hyun-Jang Resident Monk

PEMA, TSERING (Tibet)

Soo-yeon, with the look of someone who might have

seen someone, starts the engine again.

The car climbs slowly along the mountain road.

Through the dense greenery, Daewonsa Temple comes

into view.

Thick cedar trees surround the area.

Birdsong. Wind through the forest.

대원사 절 경내
DAEWONSA TEMPLE

(잠시 후)
사찰 마당에 차를 멈추고 문을 닫고 나오는 수연

그때 티벳스님 둘이 돌계단을 내려와
수연 옆을 스쳐 지나간다.
수연을 맞이하러 나오는 서진 스님

서진스님
"먼 길 오시느라 고생 많으셨습니다. 수연 교수님
맞으시죠?
올라가실까요."

수연
"네."

두 사람 계단을 오른다. 계단을 오르면서,
서진스님이 "티벳에서 오신 스님들이십니다"라고
설명하자, 수연 "네"라고 끄덕인다.

(A moment later)

Soo-yeon parks in the temple courtyard,

steps out, and closes the door.

At that moment, two Tibetan monks descend the stone

steps, passing closely by her.

Seojin, the old nun, comes forward to greet her.

Seojin, the old nun

You must have had a long journey.

You're Professor Soo-yeon, correct?

Shall we go up?

SOO-YEON

Yes. That's me.

They begin to climb the steps together.

Seojin adds,

"They are monks visiting from Tibet."

Soo-yeon nods quietly.

대원사 템플 방(오후)
DAEWONSA TEMPLE STAY ROOM - AFTERNOON

서진스님, 수연의 템블스테이 방으로 안내한다.
열린 방 앞에 서서 안을 들여다보는 수연

(서진스님은 수연 곁에 있으나 화면에 보이지 않는다)

수연: "마주한다…? 누구를…요?"

서진스님(오프 사운드) :" 자신과 마주하는 방입니다.
고요."

수연: "고요…? 네."

Seojin, the nun, leads Soo-yeon to her temple stay room.

Soo-yeon stands at the open doorway,

looking into the room.

(Seojin is beside Soo-yeon, but not visible in frame.)

SOO-YEON

"To face…?

Whom… exactly?"

Seojin (NUN)

"A room to face yourself.

Silence."

SOO-YEON

"Silence…?

Yes."

템플 방 앞 마당 (밤)
OUTSIDE THE TEMPLE ROOM - NIGHT

방 안은 불도 켜지지 않은 캄캄한 어둠 속.
핸드폰을 들고 마당으로 내려서는 수연
핸드폰을 자꾸 들여다본다.
딸에게 전화를 시도하는 중이다.

수연:(독백)

"이 시간에 어디에 있지…?
왜 서로 자주 연락을 못하는 걸까….
항상 이렇게 우리는 외로움을 견디며 사는구나.

목소리라도 들으면 좋을 텐데…
너의 하루가 어땠는지,
요즘은 어떤 표정을 짓고 사는지…

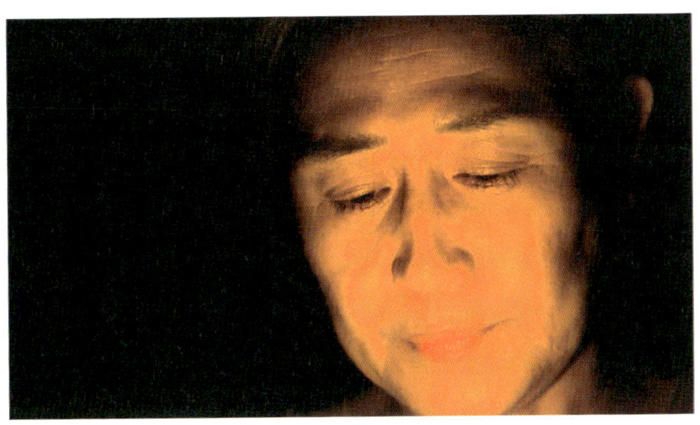

나는 왜 늘 멀리서만 너를 떠올릴까."

Inside the room, complete darkness. No lights on.

Soo-yeon steps out into the courtyard, holding her phone.

She keeps checking the screen, trying to call her daughter.

SOO-YEON

"At this hour… where could you be?

Why is it so hard for us to stay in touch…

We always seem to live this way

enduring our loneliness."

(She pauses, staring at the phone.)

"It would be enough just to hear your voice…

to know how your day was,

what kind of expression you wear these days…

Why do I always think of you

from so far away?"

템플 방 안 (밤)
INSIDE THE TEMPLE ROOM - NIGHT

수연, 방구석에 기대앉아
울먹이며 딸과 통화하고 있다

수연(흐느끼며) 죽다 살아났어.

딸(수화기 너머) 죽다 살아났다고? 절에서?
　　　　　　갑자기?
　　　　　　엄마 그게 무슨 말이야

수연(더욱 슬피 울며) 아 글쎄 죽다 살아났다니까.

딸(수화기 너머) 그러니까. 그게 무슨 말이냐고.
　　　　　　엄마 안 들려.
　　　　　　엄마 다시 전화하께.

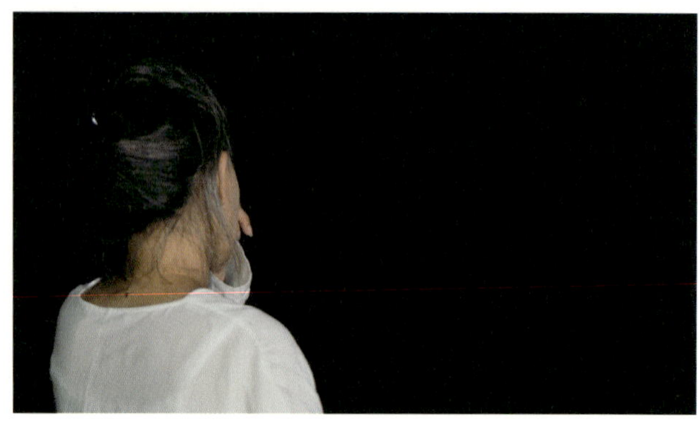

수연, 흐느낀다.

Soo-yeon sits slumped against the corner of the room, tearful, speaking on the phone with her daughter.

SOO-YEON

"I barely made it back alive."

DAUGHTER (V.O.)

"Barely alive?

At a temple? Suddenly?

Mom, what are you talking about?"

SOO-YEON (voice rising)

"I told you—I barely made it back alive."

DAUGHTER (V.O.)

"So what does that mean?

I can't hear you, Mom.

I'll call you back."

The line cuts.

Soo-yeon sobs quietly.

템플 방 곁 모퉁이 (밤)
CORNER BESIDE THE TEMPLE ROOM – NIGHT

수연 방을 나와 한쪽 모퉁이에 선다.

깜깜한 밤이다. 칠흑.

들고 나온 담배 한 개비를 입에 물고

라이터 불을 켠다.

담배를 피우려고 몇 차례 시도한다.

몇 차례 불을 댕기다가 이내 포기.

멍하다.

Soo-yeon steps outside her room

and stands in a dark corner.

She flicks a lighter, trying to light a cigarette.

She tries several times,

then gives up.

대웅전 앞 (새벽)
IN FRONT OF DAEUNGJEON HALL - DAWN

티벳스님이 새벽 예불에 앞서 대웅전 밖
마당을 향한 채 목탁을 두드린다. 청아하다.
스님은 목탁을 두드리며 염불로 새벽을 깨우는
의식을 경건하게 펼친다
마당으로 내려서며 한 바퀴 돌아
절 마당 한쪽 종각 앞에서 스님이 이윽고
둔중하게 범종을 치는 의식을 치른다
종각의 종소리가 공중에 퍼지다가 절 앞 연못에
물살처럼 퍼진다.

법당 안. 수연은 새벽예불 중이다.
두 손을 모아 엎드려 절을 반복한다.
스님은 목탁을 두드리며 불경을 외운다.

의식에 따라 부처님 앞에 큰절을 하는 수연

A Tibetan monk strikes the moktak

before the early morning prayer.

With each strike, the monk performs

a solemn ritual to awaken the dawn.

At the bell pavilion on one side of the temple courtyard,

the monk slowly rings the great bell.

The deep bell sound spreads

like ripples across the temple pond.

Soo-yeon is in the midst of the dawn prayer.

The monk chants Buddhist scriptures,

striking the moktak in rhythm.

Following the ritual,

Soo-yeon bows before the Buddha.

절 마당 청소 (오전) – 서진스님과 대화
TEMPLE COURTYARD CLEANING - MORNING

빗자루 소리

대원사 마당에서 수연, 대나무 빗자루로 청소를 한다.
햇살 아래 먼지가 일렁인다.
이때 서진스님이 다가와 수연에게 웃으며 말을
건넨다.

서진스님:

"큰스님께서 말씀하셨어요. 쓸면 쓸수록 마음도
맑아진다고."

수연이 빗자루를 잠시 멈추고 미소 짓는다.

수연:
"그래요. 내 마음에도 먼지가 많았던 것 같아요."

두 사람의 웃음이 절 마당에 잔잔히 퍼진다

(Conversation with Seojin, the old nun)

In the courtyard of Daewonsa,

Soo-yeon sweeps the ground with a bamboo broom.

Dust shimmers in the sunlight.

Seojin, the old nun, approaches and speaks with a smile.

Seojin (OLD NUN)

"The master once said—the more you sweep,

the clearer your mind becomes."

Soo-yeon pauses, holding the broom, and smiles.

SOO-YEON

"Yes.I think there was a lot of dust in my heart, too."

Their laughter spreads softly

through the temple courtyard.

연못길 걷기 – 서진스님과 함께(오전)
WALK ALONG THE POND PATH – WITH Seojin

연꽃이 가득 피어있는

연못 위 돌다리 위를 걷는 두 사람

수연과 서진스님이다. 숲 사이를 걷는 수연.

나뭇잎 사이 햇살.

새소리와 바람 소리만이 주변을 감싼다.

그녀가 걸음을 멈춘다. 한 나무를 바라본다.

서진스님이 저만치 걸어간다.

서진스님: (뒷짐 지고 걸으며)

죽음이란 사람마다 생각이 다르지요.

불가에서는 '어디로 간다'라고 단정하지는 않습니다.

그보다는… 지금 이 삶에서 지은 인연과 업이, 다음의

길을 열어간다고 봅니다.

서진스님의 말을 들으며 묵묵히 뒤따르는 수연

서진스님: (수연에게)
이곳에 왔으니 108배도 한번 해보세요.

묵묵히 걷는 두 사람

수연, 108배라는 말에 귀가 솔깃해진다.

The two walk across a stone bridge

over a pond filled with blooming lotus flowers.

Soo-yeon and Seojin walk together through the forest.

Sunlight filters through the leaves.

Only birdsong and wind accompany them.

Soo-yeon stops walking, gazing at a tree.

Seojin walks a little farther ahead.

Seojin (OLD NUN)

"Each person thinks differently. In Buddhism,

we do not say for certain that one 'goes somewhere.'

Rather…

we believe that the ties and karma

formed in this life open the path ahead."

Soo-yeon follows quietly,

listening to Seojin 's words.

Seojin (NUN)

"Since you're here, try making 108 prostrations as well."

The two continue walking in silence.

극락전 안 (황혼 무렵) -108배- 수연
INSIDE GEUKRAKJEON HALL - DUSK
108 Prostrations - Soo-yeon

여름비가 조금씩 가늘게 내리는 절 마당,

극락전 안.
수연이 108배 중이다. 땀에 젖어있다.
이마와 눈가 아래, 목을 타고 땀이 흐른다.

(풀샷, 미디엄 샷, 클로즈업)

108배를 하는 수연의 다양한 앵글

시간이 지나면서 여름비가 세차게 내린다.
극락전 앞 처마와 마당을 적신다.
빗소리 속에서 땀을 흘리며 계속 108배를 하는 수연,

산사의 빗소리.

빗소리가 굵어진다.

처마와 마당을 적시는 빗소리.

수연 (내레이션)

저는… 제 삶에서 너무 많은 잘못을 했어요.

그게… 날 따라다니는 것 같아요.

죽어서도… 저를 붙잡고 놓지 않을까 두려워요.

크게 숨을 들이쉬었다가 내뱉는 수연

수연이 이윽고 108배를 마친다.

A light summer rain begins to fall

over the temple courtyard. Inside Geukrakjeon Hall.

Soo-yeon is in the midst of 108 prostrations.

Her body is drenched in sweat. Sweat runs down

her forehead, beneath her eyes, and along her neck.

(Various angles)

full shots, medium shots

capture Soo-yeon performing the prostrations.

As time passes, the summer rain grows steadier.

Rain wets the eaves of Geukrakjeon

and the courtyard below.

Amid the sound of rain,

Soo-yeon continues bowing,

sweat pouring from her body.

The rain of the mountain temple.

The rain grows heavier.

NARRATION (SOO-YEON)

"I have… made too many mistakes in my life.

It feels as if… they keep following me.

I'm afraid that even after death…

they won't let go of me."

At last, Soo-yeon completes the 108 prostrations.

She stands and bows once more.

밤 법당에서 –서진스님과 함께
INSIDE THE DHARMA HALL - NIGHT

법당 내부. 수연이 조용히 독경에 집중하고 있다.
촛불들이 은은하게 빛난다.

서진스님
두려움은 마음이 만들어낸 그림자일 때가 많습니다.
우리가 죽음을 생각할 때, 사실은 '사라짐'보다
남겨진 마음들을 두려워하는 것이지요.

살아 있는 동안 마음이 풀리면,
그 마음은 더 이상 인연을 묶지 않습니다.
문을 나서기 전에 어떤 마음을 품느냐가 더
중요합니다.

서진스님(이어서)

피하려 하면 그림자처럼 더 따라붙습니다.
하지만 정면에서 바라보면…
그 마음은 어느 순간, 자신의 자리로 돌아갑니다.

수연
우리는… 죽으면 어디로 가나요?
정말… 끝나는 건가요?
아니면… 또 다른 어딘가에서 다시 시작되나요?

수연의 얼굴에 눈물이 맺히고, 조용히 떨어진다.

With Seojin, the old nun Interior, Dharma Hall.

Soo-yeon sits quietly, focused on chanting sutras.

Candle flames glow softly.

Seojin, THE OLD NUN

"Fear is often a shadow created by the mind.

When we think about death, what we truly fear

is not 'disappearance,' but the minds we leave behind.

If the heart loosens while we are alive,

it no longer binds us through karma.

What matters more is what kind of mind we carry

when we step out the door."

Seojin, the old nun, continues.

Seojin, THE OLD NUN

"When you try to avoid it, it follows you like a shadow.

But when you face it directly… that mind, at some

point,

returns to its own place."

SOO-YEON

"Then… where do we go when we die?

Does it really… end?

Or… do we begin again somewhere else?"

Tears gather in Soo-yeon's eyes and fall quietly.

향불 피우기 (아침)
LIGHTING INCENSE - MORNING

수연이 대웅전 앞 향로에 향을 꽂고 불을 붙인다.

향 연기가 천천히 피어오른다.

손가락 사이로 스며드는 연기와 수연의 진지한 표정

클로즈업.

수연이 조용히 합장하며 눈을 감는다.

수연 (속마음): 그럼… 제가 저지른 일도…

　　　　　　그대로 바라보기만 해도 되는 건가요?

Soo-yeon places incense

into the burner in front of Daeungjeon Hall

and lights it.

The incense smoke rises slowly.

Close-up of smoke seeping between her fingers,

and Soo-yeon's solemn expression.

She quietly brings her palms together

and closes her eyes.

SOO-YEON (V.O.)

"Then…

the things I have done…

Is it enough to simply look at them

as they are?"

새벽 걷기 - 수연의 산책
DAWN WALK - SOO-YEON'S STROLL

수연이 숲길을 걸어 내려오며 사색에 잠겨 있다.
수연이 나무에 기대앉아 있다.
햇살이 숲을 천천히 밝힌다.
햇살의 변화, 나뭇잎 흔들림이 수연의 얼굴에 퍼진다.

수연(혼잣말): "여긴… 시간이 더 천천히 흐르네."
　　　　　　"숲은 아무 말이 없는데…
　　　　　　왜 나는 자꾸 과거의 목소리만 듣고
　　　　　　있는 걸까."

　　　　　　"이렇게 가벼운 것들도… 자기 자리를
　　　　　　알고 있는데."
　　　　　　"나는 왜 아직도 서성이는 걸까."

"빛이 나무 사이로 흘러드는 것처럼
나도 조금은 스며들 수 있을까
이 고요 속에"

"조금만 더 걸으며 답이 있을까
아니면 그냥 잊어도 되는 걸까"

Soo-yeon walks down the forest path, lost in thought.

She leans against a tree and sits.

Sunlight slowly brightens the forest.

The shifting light, leaves gently swaying

Soo-yeon's face.

SOO-YEON (to herself)

"Here… time seems to move more slowly."

"The forest says nothing… so why do I keep hearing

only the voices of my past?"

"Even these light things…

they know where they belong."

"Why am I still wandering?"

"As light seeps between the trees…

could I, too, let myself seep in—

into this stillness?"

"If I walk just a little longer, will there be an answer?

Or… is it something I'm allowed to simply forget?"

아침 공양
MORNING MEAL

밥과 국, 나물 담긴 그릇 두 개
담백한 공양이다.
홀로 조용히 식사를 하는 수연.
젓가락을 들던 손이 잠시 멈춘다.
떨리는 손.

수연 (혼잣말):

이렇게 단정한 한 끼가… 왜 이렇게 낯설게
따뜻하지.
조용하다. 너무 조용해서…
오래 밀어두었던 생각들이
하나둘 걸어오고 있구나.
왜 이제서야…
내 마음의 방 한 칸을 열어보는 걸까

이윽고 공양을 마친 수연
공양 그릇을 수건으로 정갈하게 닦아내는 수연의 손

Soo-yeon eats quietly.

Her hand holding the chopsticks pauses for a moment.

It trembles slightly.

SOO-YEON (to herself)

"Why does a meal this simple… feel so unfamiliar,

and yet so warm?"

"It's quiet.

So quiet that the thoughts
I pushed away for so long
are coming back to me,
one by one."

"Why is it only now… that I'm opening
one small room in my heart?"

Soo-yeon's hands carefully wipe
the offering bowls with a cloth.

왕목탁 문에서 연못까지(오후)
FROM THE GREAT WOODEN MOKTAK TO THE POND

대웅전 앞.

오후의 연못에 이르는 극락문. 이곳을 통과하려면

왕목탁을 자기의 이마로 세 번 쳐야 하는 의식이 있다.

왕목탁 클로즈업. 머리를 기대보는 수연

극락문 그 아래로 내려오는 수연.

슬로우 모션으로 따라가며 클로즈업

카메라는 자연스럽게 수연의 앞모습과 옆,

뒷모습을 따라잡는다.

수연이 연못 앞 돌계단을 내려온다.

수연 내레이션: (연못 쪽으로 다가가며)

　　　　　　　　"물은 이렇게 고요한데…

　　　　　　　　"이렇게 멀어져 있었나,

나 자신에게서."

(물 위에 비친 자기의 얼굴을 보며)

"저게… 지금의 나인가."
"언제부터 저렇게 멀어진 얼굴이 되었지."

(흔들리는 물살 속 자신의 얼굴 보며)

"내가… 나를 미워해 온 시간이 너무 길었어."
"물속 내 얼굴이…낯설다.

(물결이 퍼지는 순간 속삭이듯)
"흩어지네… 이렇게 쉽게."
"나도… 이렇게 흩어질 수 있다면."

Close-up of the Great Wooden Moktak.

Below it, Soo-yeon walks down.

(Front follow shot.)

The camera follows her in slow motion,

close-up from behind.

Soo-yeon descends the stone steps

toward the pond.

SOO-YEON (V.O.)

(as she approaches the water)

"The water is this calm…

Have I really been this far away— from myself?"

(She looks at her reflection

on the surface of the water.)

"Is that… who I am now?"

"When did my face become one so distant?"

(Her reflection wavers as ripples spread.)

"I've spent too long… hating myself."

"My face in the water… feels unfamiliar."

(As the ripples spread, almost whispering)

"It breaks apart… so easily."

"If only I could… break apart like this, too."

태아 영가불 앞 (오전)
BEFORE THE FETAL SPIRIT ALTAR - MORNING

작은 돌부처 모양의 수십 개 태아불상들이
줄지어 서 있는 작은 마당
마당으로 들어서는 수연의 뒷모습
수연이 이를 발견하고 그 앞을 따라 걷는다.
조용한 바람과 먼지 낀 공기.
수연이 조용히 걷다 뜻밖에 작은 영가불들을
발견한다.작은 태아 불상들이
길게 줄지어 세워져 있는 곳.
붉은 명패에 적힌 이름 없는 존재들.

트래킹 숏. 수연의 시선으로
태아불상 하나하나를 따라간다
천천히 다음 영가불로 다가가는 수연

수연(독백)
"여기 있는 너희는… 누구의 아이였을까.
누구의 기다림이었을까."

"작은 숨도, 작은 울음도… 한 번 가져보지 못하고
이렇게 서 있구나."

(하나의 영가불을 손끝으로 살짝 쓸며)
"누가 이렇게 너희를 씻기고 모자를 씌워주었을까."

(손바닥으로 부드럽게 쓸며)
"미안해… 세상이 너희를 알아보지도 못했겠지."

(어떤 영가불 앞에 멈추는 수연
손이 떠는 듯이 신발을 쓰다듬는다.)

"⋯너구나."

수연의 발이 멈춘다.
수연이 한 불상을 손으로 조심스레 만진다.
손이 떨린다.
그녀는 숨을 들이쉬고, 말없이 그 앞에 주저앉는다.
손이 떨린다. 눈이 벌써 충혈되어 있다.
(목소리가 가늘어진다.)

"너를⋯ 보내지 말았어야 했어."
"그때⋯그렇게 하면 안 되는 거였어."
(울음이 차오른다.)
"미안해⋯ 미안해⋯ 정말⋯ 미안해."

(결국 손으로 얼굴을 가리며 무너진다.)

"한 번만⋯ 한 번만⋯

나를 용서해 줄 수 있겠니…?"

(오열이 터지고, 화면은 영가불들의 적막한 침묵을
오래 비춘다.)

Soo-yeon walks through a space

where dozens of small fetal Buddha statues stand in rows.

A quiet breeze.

Dust-filled air.

As she walks slowly,

Soo-yeon unexpectedly notices them.

Hundreds of small fetal Buddha statues

are lined up in long rows.

Nameless beings,

their names written on red plaques.

Tracking shot.

From Soo-yeon's point of view,

her gaze moves from one statue to the next.

She slowly approaches the next spirit statue.

SOO-YEON (monologue)

"Those of you who are here… whose children were you?

Whose waiting were you?"

"Without ever having a single breath, a single cry…

you stand here like this."

(She gently brushes one spirit statue

with the tips of her fingers.)

"Who washed you like this,

and put a little hat on you?"

(She softly strokes it with her palm.)

"I'm sorry…

The world probably never

recognized you."

(She stops in front of one statue.

Her hand trembles as she touches its tiny shoes.)

"…It's you."

Soo-yeon's feet stop.

She carefully touches the statue with her hand.

Her hand shakes.

She takes a breath,

then kneels down in front of it without a word.

Her hands tremble.

Her eyes are already bloodshot.

(Her voice grows thin.)

"I shouldn't have… let you go."

"Back then… I shouldn't have done that."

(Sobs rise.)

"I'm sorry…

I'm sorry…

I'm truly… sorry."

(She finally collapses, covering her face with her hands.)

"Just once… just once…

could you forgive me…?"

Her sobbing breaks out.

The frame holds on the silent stillness

of the spirit statues.

차밭 앞 (오후)
IN FRONT OF THE TEA FIELDS - AFTERNOON

차밭 앞.

수연이 등을 돌려 차 숲을 바라본다.

수연이 끝내 참지 못한 담배를 한 대 피우고 있다.

차밭 사이로 스며드는 담배 연기.

그때 서진스님이 수연 곁으로 다가온다

서진스님(영가불 앞 오열한 수연의 마음을 알고 있다는 듯)

　　　"나도 한 대만 줘 봐요, 담배"

서진 스님 (담배 한모금 후) "영가불 앞에서…

　　　　　　　　　　많이 힘드셨지요."

(잠시 침묵. 서진스님이 뒤돌아 차밭 너머로 먼 곳을
바라본다.)

서진 스님
"누구나 자기 삶의 어두운 골짜기가 있습니다.
다만 그 골짜기를 지나가야 비로소
다시 길이 보일 때가 있습니다."

(담배 연기가 허공으로 흩어진다.)

서진 스님 "보살님이 지금 느끼는 그 슬픔도…
피하려 하지 말고 그냥 지켜보세요.

언젠가는 그 마음이 스스로 자리를 찾아갑니다."
한참 동안 담배를 피우며 차밭을 바라보는 두 사람의
뒷모습.

Soo-yeon smokes a cigarette

she can no longer hold back—

right in front of the tea fields.

At that moment,

Seojin, the old nun approaches Soo-yeon.

Seojin, THE OLD NUN

"Give me one, too. A cigarette."

Seojin, THE OLD NUN

"Standing in front of the spirit altar…

it must have been very hard."

(A brief silence.

The nun turns her back and gazes far beyond the tea
fields.)

Seojin, THE OLD NUN

"Everyone has a dark valley in their life.
And sometimes, it's only after passing through that
valley that the road becomes visible again."

(She exhales a long stream of smoke.)

Seojin, THE OLD NUN

"The sorrow you're feeling right now… don't try to
avoid it.
Just watch it.
One day, that heart will find its own place."

다실 – 서진스님과의 대화
TEA CEREMONY – A CONVERSATION WITH Seojin

다실. 스님이 말없이 차를 따른다.
수연이 마주 앉아 있다.
도자기의 투명한 빛, 찻물의 연기.
스님이 찻잔을 수연 앞에 놓는다.

서진스님: "이 차는 아까 그 차밭에서 따온 차예요.
　　　　　차는 기다림이죠."

수연: (슬픔에서 조금 벗어난 듯)
"…우리 인생에서 가장 필요한 일이네요."

서진스님: "이렇게 차를 나누는 게 차의 완성이라고
　　　　　합니다."

고요한 침묵.

수증기 너머 수연의 눈.

서진 스님이 다시 차를 따른다.

찻잔 위로 김이 올라온다

수연: (머뭇거리다가) "스님. 스님은 죽음이 두렵지
            않으세요?"

서진스님: (웃으며) "죽음은 삶의 일부예요.
            이렇게 꽃처럼 피어나는 것들은 모두
            사라지거든요.
            사는 동안 용기를 가지세요… 차 한 잔 더
            하실래요?"

수연: 알 듯 모를 듯하다. 차를 음미하며 마신다.

(시간 경과)

The tea room.

The nun pours tea in silence.

Soo-yeon sits across from her.

The translucent sheen of porcelain.

Steam rising from the tea.

The nun places the teacup in front of Soo-yeon.

Seojin, THE OLD NUN

"This tea was picked earlier from the tea fields you saw.

Tea is waiting."

SOO-YEON

"…That may be the most necessary thing

in our lives."

Seojin, THE OLD NUN

"They say tea is completed when it is shared."

A quiet silence.

Soo-yeon's eyes beyond the steam.

Stage direction:

Seojin pours more tea.

Steam rises from the cup.

SOO-YEON

(after hesitating)

"Venerable,aren't you afraid of death?"

Seojin, THE OLD NUN

"Death is part of life.

Even things that bloom like flowers eventually

disappear.

Would you like another cup of tea?"

Soo-yeon seems to half-understand.

She slowly savors the tea.

(Time passes.)

템플 방 마당(오후)
COURTYARD OF THE TEMPLE ROOM

수연이 템플 방 앞을 나와 마당을 가로질러
어디로 가고 있다.

서진 스님(오프 사운드)
"이곳 대원사에는 조금 특별한 수행 체험이 하나
있습니다."

"보살님께서 요 며칠 마음에 큰 파도를 겪으셨지요.
그럴 때…

'죽음'을 한 번 가까이에서 바라보는 일이
오히려 삶을 다시 밝혀주는 경우가 있습니다."

수연이 산으로 올라간다.

Soo-yeon walks across the courtyard

in front of the temple lodging.

Seojin, THE OLD NUN(OFF SOUND)

"At Daewonsa, there is a somewhat special

practice experience."

"You have gone through great inner waves

these past few days.

At times like that… looking closely at death,

even once,

can sometimes illuminate life again."

참선 – 산 정상 바위
MEDITATION - ROCK AT THE MOUNTAIN SUMMIT

수연이 바위 위에 앉아 있다.
수연, 바람과 나뭇잎, 햇살 속에서 미소 짓는다.

햇살 속 명상, 깊은 호흡. 자연과 합일
작은 개미 한 마리가 수연의 발 아래를 재빠르게
지나간다.

시간 경과

Soo-yeon sits on a rock. She smiles gently,
surrounded by wind, leaves, and sunlight.

Meditation in the sunlight.

Deep breathing.

Union with nature.

A small ant swiftly passes beneath Soo-yeon's foot.

(Time passes.)

히말라야탄 싱잉볼(주발) 체험장
HIMALAYAN SINGING BOWL
EXPERIENCE (MEDITATION)

현장스님 (큰스님)
우주싱잉볼 (명상)- 티벳스님 등장

큰스님이 좌정해 있다.
티벳스님이 들어와 앉는다.

수연이 명상 자세로 큰스님께 합장하면,
울리는 첫 타.
울림이 길게 퍼진다.
반복되는 소리 속에서
수연의 표정이 점점 편안해진다.

서진스님(부드럽게, 낮은 톤으로, 화면 밖 소리)

"죽음을 직면하면,
오히려 지금 살아 있는 순간이 더 또렷하게
드러납니다.
놓지 못한 마음이나 오래된 슬픔도…
그 어둠 속에서 제 모습이 보일 때가 있지요."

서진스님(이어서, 화면 밖 소리)

"그리고…
티벳 싱잉볼을 울리는 '우주의 소리' 체험도
있습니다.
몸과 마음이 흔들릴 때, 소리는 생각보다 큰 길잡이가
됩니다."

현장스님의 죽비소리가 들린다.

서진스님(이어서, 화면 밖 소리)

"마음이 산란할수록,
이 소리는 더욱 깊이 가라앉게 해주지요.

CUT
수연의 머리 위에 무거운 구리로 된 볼의 관을
씌워주는 현장스님

티벳스님의 낮고 깊고 그윽한 주문이 울려 퍼진다.
우주를 울리는 마음의 소리가 수연의 영혼에 머문다

CUT
금속성 소리와 함께 화면 바뀌면,

Great Master, On-site Monk, Cosmic Singing Bowl –

Tibetan Monk

Soo-yeon sits quietly in her place.

The first strike resounds.

The vibration spreads long and wide.

As the sound repeats,

Soo-yeon's expression gradually softens.

Seojin, THE OLD NUN (OFF SOUND, gently,

in a slightly lowered tone)

"When we face death, the moment of being alive

often becomes clearer.

The feelings we could not let go of,

the sorrows we have carried for so long—

sometimes,

they reveal their true shape within that darkness."

"And then… there is also

the experience of the 'sound of the universe,'

created by the Tibetan singing bowl.

When the body and mind are shaken,

sound can become a far greater guide

than we imagine."

The sharp crack of the jukbi

from the on-site monk is heard.

(hands folded carefully)

"The more scattered the mind,

the deeper this sound

allows it to settle."

The on-site monk places

a heavy copper bowl apparatus

over Soo-yeon's head.

A Tibetan monk's chant is heard.

A sound that seems to vibrate the universe

lingers within Soo-yeon's soul.

With the metallic resonance, the image shifts—

티벳 박물관 관 체험(21. 씬과 교차편집)
TIBETAN MUSEUM - COFFIN EXPERIENCE
(Cross-edited with Scene 21)

서진스님 소리 화면에 깔린다

"티벳 박물관의 '관 체험'입니다.
관에 누워, 아무 소리도 빛도 없는 어둠 속에 잠시
머무는 것이지요."

CUT
수연이 맨발로 관을 향해 죽음을 향해 가듯 걸어간다.
열려 있는 관 곁에는
티벳스님 두 분이 서서 합장하고 있다.
그들의 모습은 경건 그 자체다.

컷 바뀌면, 싱잉볼 소리 둥글게 퍼져 나온다. 옴 옴 옴
티벳스님의 주문 소리가 퍼진다.

The voice of Seojin, THE OLD NUN(OFF SOUND)

over the image:

"This is the 'coffin experience' at the Tibetan Museum.

You lie inside a coffin and remain for a while

in complete darkness— without sound,

without light."

Cut.

Soo-yeon walks barefoot,

approaching the coffin. she is about to enter.

Cut.

The sound of the singing bowl

spreads in a circular wave.

The Tibetan monk's chant fills the space.

티벳 박물관, 죽음의 상징들, 이미지들(오후)
TIBETAN MUSEUM - SYMBOLS AND IMAGES OF DEATH (AFTERNOON)

박물관 내부는 어둡고, 각종 죽음의 의식 도구들이
조명 아래 진열되어 있다.
티벳의 죽음 의식, 죽은 자의 여행을 그린
두루마리를 바라보는 수연
죽은 자가 들어가 누워있는 관과 두루마리를
바라보는 수연.

수연, 이윽고 죽은 자의 검은 관 앞에 선다.
그 안에 들어가 보기로 한다.
수연이 관 안에 들어가 몸을 눕힌다.
누워서 죽음을 느끼는 수연.
관 문이 서서히 닫히고, 캄캄한 속에서 수연의

숨소리만 남는다.
캄캄한 어둠 속 숨소리만 들린다.
숨소리는 점차 가팔라진다.
티벳 박물관 안의 여러 액자 그림이
수연의 숨소리와 함께 떠 있다.

The interior of the museum is dark.

Various ritual objects of death

are displayed under focused lights.

Soo-yeon gazes at a scroll

depicting Tibetan death rituals

the journey of the deceased.

She looks at coffins

and the painted scrolls of the dead.

Eventually, Soo-yeon stands

before a black coffin meant for the dead.

She decides to enter.

Soo-yeon lies down inside the coffin,

feeling death from within.

The coffin lid slowly closes.

In total darkness,

only Soo-yeon's breathing is heard.

Darkness. Breathing alone.

Her breaths gradually grow rapid.

Frames and paintings inside the museum

seem to float in the darkness,

interwoven with the sound of her breathing.

등신불(교차편집)
MUMMIFIED MONK (CROSS-CUT)

수연 얼굴 주변을 감싸 오르는 붉은 화염과 같은 불꽃
타오르는 불꽃들
수연의 장엄한 표정이 압권이다.

한참을 그렇게 빨갛게 타오르는 불꽃 불꽃들,
불꽃들이 어지러이 튄다.

Flames rise around Soo-yeon, as if fire is closing in on
her.
Blazing fire. Soo-yeon's face— solemn,
majestic.

티벳스님의 고동 소리(아침)
THE TIBETAN MONK'S DRUMBEAT (MORNING)

다음 날 아침

수연이 맨발로 걸어와 우주의 우물 같은 거울에
자기의 얼굴을 들여다본다.
저쪽 마당 한 구석에서
티벳스님이 우주의 숨결을 한껏 열 듯
깊은 저음의 고동 소리를 불고 있다.
끊임없이 이어지는 소리가 깊고 나직하게
산과 계곡에 흩어진다.

Soo-yeon approaches barefoot

and gazes at her reflection

in a mirror like a well of the universe.

In one corner of the courtyard,

a Tibetan monk blows

the sound of the universe's heartbeat.

The unbroken rhythm, deep and low,

spreads across the mountains

and into the valleys.

산 속 수목장
FOREST TREE BURIAL SITE

숲속

수목장에 걸어들어오는 수연

어느 수목장 아래에 조심스레 앉는 수연

한참을 그렇게 앉아 있다.

수연

"그래… 잘 있었지? 이곳은… 편안하지?

누가 널 아프게 하진 않았지?"

"그때 나는… 너무 어리고, 너무 두려웠어.

너를 지킬 힘도, 세상과 맞설 용기도 없었어."

(하늘을 올려다보며)

"우리가 다시 이 세상에 온다면… 꼭…

좋은 인연으로 다시 만나자."

카메라는 높고 푸른 하늘을 비춘다.

Soo-yeon walks into the forest burial ground.

She sits beneath one of the memorial trees.

SOO-YEON

"Right… you've been well, haven't you?

Is this place… peaceful?

No one hurt you here, did they?”

“At that time, I was… too young,

and too afraid.

I didn't have the strength to protect you,

nor the courage to stand against the world.”

(looking up at the sky)

“If we ever return to this world again…

please— let us meet once more

as a good and gentle fate.”

대원사 앞마당 – 이별의 인사
COURTYARD OF DAEWONSA TEMPLE – FAREWELL

햇빛이 부드럽게 내려앉는 오후.
절 마당에 서진스님과 수연이 마주 보고 서 있다.
서진스님이 미소를 지으며 수연을 향해 합장한다.

서진스님:
"이제 가실 준비 되셨어요?"

수연이 서진스님에게 고개 숙여 인사한다. 돌아선다

수연: "감사합니다. 이젠 조금… 알 것도 같아요."

수연 돌아서 가면,
그 모습을 오래 바라보는 서진스님.

Afternoon sunlight settles softly.

Seojin, THE OLD NUN

smiles and joins her palms toward Soo-yeon.

Seojin, THE OLD NUN

"Professor, are you ready to leave now?"

Soo-yeon bows deeply in return.

She turns away.

SOO-YEON

"Thank you. I think…

I understand, at least a little now."

떠나는 길 - 대원사 출구
THE ROAD OF DEPARTURE - DAEWONSA EXIT

수연이 탄 승용차가 천천히 출발한다.
숲속 대원사가 점점 뒤로 밀려난다.
〈세노야〉 음악이 낮게 깔린다.

"산과 바다에 우리가 살고
 산과 바다에 우리가 가네"

노래 깔리면서 차 안 수연이, 천천히 차 앞 풍경을
바라본다.

A car begins to move slowly.

The forest and Daewonsa fade into the distance.

Soft music begins underneath. Inside the car,

Soo-yeon quietly watches

the road unfolding ahead.

숲길 - 귀가
FOREST ROAD - RETURN

숲길이 멀어진다.
나무들이 바람에 흔들린다.

차 창 밖을 바라보는 수연의 얼굴 클로즈업.
웃으며, 눈물이 흐른다.

차가 숲길을 벗어나고,
멀리 호숫가를 돌아가는 수연의 차.

The forest road grows distant.

Trees sway gently in the wind.

Close-up on Soo-yeon's face

as she looks out the car window.

She smiles—

tears running down her cheeks.

The car leaves the forest road,

and Daewonsa gradually becomes smaller.

귀로 – 돌아가는 차 안
RETURN JOURNEY - INSIDE THE CAR
SOO-YEON (INNER VOICE)

수연(마음의 소리) "다시 온다면…

널 두 번 다시 놓치지 않을게.
끝까지 안고…
너를 세상 끝까지 지켜줄게."

수연(이어지는 마음의 소리)

"그래도… 오늘 너를 만났구나.
네가 나를 그냥 바람처럼 스쳐 갔는진 모르지만…
나는 너를 다시 기억하게 되었어."
"죽음이 끝이 아니라, 마음이 닿는 또 다른 문일지도
모르겠다는 생각이… 잠시 스쳤어"

"If I ever come back… I won't let you go again.
I'll hold you until the very end, and protect you
to the edge of the world."

"Still… today, I met you.
I don't know if you simply passed through me
like the wind… but I remembered you again."

"And for a moment,
the thought crossed my mind—
that death may not be an end, but another door
where hearts can reach one another."

귀로
THE RETURN ROAD

멀리 수연이 탄 승용차가 다가온다.
한참을 달려오는 수연의 차량에서
화면 정지.

From afar,

the car carrying Soo-yeon approaches.

It drives on for a long while.

The image freezes

on the moving vehicle.

60대 중반의 은퇴한 문학 교수 수연은 홀로 보성의 깊은 산중으로 차를 몰고 들어간다. 울창한 숲을 가로지르는 길 끝에 대원사라는 외딴 사찰이 있다. 삼나무 숲과 침묵에 둘러싸인 이곳에 도착한 순간, 수연은 전혀 다른 시간의 리듬 속으로 들어온 듯한 감각을 느낀다. 느리고, 무겁고, 더욱 예민한 시간.

그녀를 맞이하는 이는 노비구니 서진스님이다. 고요한 스님의 존재는 수연의 내적 불안과 대비된다. 서진스님은 수연이 머물 방을 "자기 자신을 마주하는 곳"이라 설명한다. 그 말은 오래도록 수연의 마음에 남아 불편함을 일으킨다.

사찰의 밤은 어둡고 조용하다. 잠들지 못한 수연은 딸에게 전화를 걸지만, 통화는 중간에 끊긴다. 어둠 속에 홀로 남은 수연은 무너진다. 오랫동안 눌러두었던 무언가가 수면 위로 떠오르기 시작한다.

새벽이 되자 수연은 아침 예불에 참여한다. 목탁 소리와 범종 소리가 산을 울린다. 이후 반복되는 일상. 마당에 쌓인 낙엽을 쓸고, 연못 위 돌다리를 천천히 건너고, 말 대신 바람과 새소리를 듣는 시간. 서진스님은 업과 삶의 길에 대해 조용히 말한다. 목적지가 아니라, 살아온 방식이 길을 만든다고.

비가 내리기 시작하는 가운데 수연은 극락전에서 108배를 올린다. 땀과 빗물이 뒤섞인다. 그녀의 기도는 용서를 구하는 것이 아니다. 과거의 실수가 죽음 이후까지 따라올지도 모른다는 두려움에서 비롯된 것이다. 서진스님은 두려움이란 종종 마음이 만들어낸 그림자에 불과하며, 중요한 것은 이 세상을 떠나기 전 마음의 상태라고 말한다.

템플스테이가 나날이 점점 깊어간다. 산 위 바위에서의 명상, 차를 나누는 시간, 몸을 '우주의 소리'에 맞춘다는 싱잉볼 의식들과 진동은 수연이 꽉 쥐고 있던 기억들을 서서히 풀어낸다.

영화는 티베트 박물관 안에서의 관 체험과 교차 편집된다. 완전한 어둠 속에서 수연은 자신의 호흡만을 듣는다. 공포가 밀려왔다가, 천천히 가라앉는다. 티베트 죽음 의식의 이미지들이 기억과 겹쳐진다.

감정의 정점은 태아령을 위한 작은 위패들이 줄지어

놓인 장소에서 도달한다. 이름 없는 조형물들 앞에서 수연은 멈춰 선다. 떨리는 손과 끊어진 말 속에서, 그녀는 한때 세상에 나오지 못하게 했던 아이와 마주한다. 슬픔은 더 이상 억제되지 않는다.

이후 숲 속 수목장 터에서 수연은 '그 아이'에게 직접 말을 건다. 자신의 두려움과 나약함, 그리고 사랑을 인정한다. 거기에는 면죄도, 구원도 없다. 다만 기억하겠다는 조용한 약속만이 남는다.

대원사를 떠나는 길, 차창 밖으로 숲은 멀어진다. 수연은 눈물 속에서 미소 짓는다. 죽음은 더 이상 심연이 아니다. 그것은 우리가 삶을 얼마나 정직하게 마주했는지를 비추는 거울이 된다.

〈가까이〉(2부)는 사건의 나열이 아니라, 침묵이 대사보다 크게 울리는 느린 내적 순례의 영화다. 애도는 의식과 자연, 그리고 정적 속에서 형체를 얻는다.

Soo-yeon, a 65-year-old retired university professor, arrives at a remote Buddhist temple deep in the mountains of Boseong, South Korea. Officially, she comes to participate in a short temple stay. Unofficially, she carries an unspoken burden—a long-suppressed grief tied to life, death, and a choice she once made and never fully faced.

From the moment she enters the temple grounds, Soo-yeon senses something unsettled. The forest seems to watch her. Silence presses close. The rituals of the temple—early morning prayers, sweeping the courtyard, walking along lotus ponds—slowly strip away her defenses. Conversations with SEOJIN, an old Buddhist nun, do not offer answers but gently loosen the questions Soo-yeon has kept buried.

As days pass, Soo-yeon undergoes a series of spiritual and physical practices: 108 prostrations in the rain, silent meditation atop a mountain, a Tibetan singing bowl ritual, and finally a symbolic coffin experience inside a Tibetan museum. Each encounter brings her closer to confronting death—not as an abstract idea, but as an intimate presence that has quietly shaped her life.

Her journey reaches its emotional core at a shrine dedicated to unborn spirits. There, Soo-yeon finally faces the memory she has avoided for decades. Grief breaks through, raw and uncontrollable, yet held within the stillness of the temple and the compassion of those around her.

In the forest, at a tree burial site, Soo-yeon speaks for the first time to the one she lost. It is not redemption she finds, but something quieter: acceptance, and the possibility of forgiving herself.

As she leaves the temple, the mountains recede, but the silence remains with her. Death no longer appears as an ending, but as another doorway—one that reflects how deeply, or how gently, we have lived.

SO Near, Yet Far is a contemplative film about mourning, memory, and the fragile moment when life and death briefly touch.

이 영화는 하나의 단순한 질문에서 출발했다.

사람은 스스로를 용서하지 못한 채 어떻게 살아갈 수 있는가.

많은 문화에서 죽음은 끝이거나 피해야 할 공포로 여겨진다. 그러나 불교에서 죽음은 훨씬 가까운 것이다. 늘 곁에 있으며, 우리가 어떻게 살아가는지를 조용히 규정한다. 나는 죽음을 사건이나 비극이 아니라, 내밀한 거울로 바라보고 싶었다.

수연의 여정은 구원이나 해결에 관한 이야기가 아니다. 그것은 머무는 일에 관한 이야기다. 침묵과 함께, 후회와 함께, 기억과 함께 머무는 것. 사찰은 답을 주는 장소가 아니다. 그것은 불필요한 것들을 제거하는 공간이다. 그 비어 있음 속에서 남는 것은 자기 자신뿐이다.

나는 언어가 실패할 때 몸이 말하는 순간들에 끌렸다. 절을 하고, 쓸고, 숨 쉬고, 듣는 행위들. 이 행위들은 설명 없이도 감정의 무게를 지닌다. 그것은 설명하는 영화가 아니라, 숨 쉬는 영화를 만든다.

자연은 이 영화에서 배경이 아니다. 바람, 비, 숲, 소리는 모두 참여자다. 관객이 시간의 속도가 느려지는 것을, 세상이 재촉하지 않을 때 슬픔이 어떻게 가라앉는지를 느끼길 바랐다.

태아령 위패와 관 체험은 충격을 주기 위한 장치가 아니다. 그것은 인식의 순간을 위한 것이다. 많은 사람들은 보이지 않는 상실을 안고 산다. 두려움 속에서 내린 선택, 끝내 완성되지 못한 사랑들. 이 영화는 그러한 기억들을 판단 없이 바라보자는 초대다.

〈가까이〉는 결국 거리(distance)에 관한 영화다.

어머니와 아이 사이, 과거와 현재 사이, 삶과 죽음 사이의 거리.

그리고 그 거리가 때로는 앞으로 나아감이 아니라, 마침내 멈춰 서는 순간을 통해 건너질 수 있다는 가능성에 대해 말하고자 했다.

이 영화가 관객에게 각자의 말해지지 않은 슬픔을 잠시 내려놓고, 조금 더 부드럽게 그 곁에 앉아 있을 수 있는 조용한 공간이 되기를 바란다.

Director's Statement

This film began with a simple question:

How does a person live after failing to forgive themselves?

In many cultures, death is treated as an ending or a fear to be avoided. In Buddhism, death is something closer—always present, quietly shaping how we live. I wanted to explore death not as spectacle or tragedy, but as an intimate mirror.

Soo-yeon's journey is not about salvation or resolution. It is about staying—staying with silence, with regret, with memory. The temple is not a place that provides answers. It is a space that removes distractions. In that emptiness, what remains is the self.

I was drawn to ritual because rituals allow the body to speak when language fails. Bowing, sweeping, breathing, listening—these actions carry emotional weight without explanation. They create cinema that breathes rather than explains.

Nature plays a central role in this film. Wind, rain, forest, and sound are not backgrounds; they are participants. I wanted the audience to feel time slowing down, to sense how grief settles differently when the world does not rush us forward.

The unborn spirit shrine and the coffin experience are not meant to provoke shock, but recognition. Many people carry invisible losses—choices made in fear, love left unfinished. This film is an invitation to look at those memories without judgment.

SO Near, Yet Far is ultimately a film about distance: between mother and child, past and present, life and death.

And about how that distance can sometimes be crossed—not by moving forward, but by finally standing still.

I hope this film offers viewers a quiet space to reflect on their own unspoken griefs, and perhaps, to sit with them a little more gently.

길 위에서
ON THE ROAD

🎬 시놉시스 SYNOPSIS

한겨울, 두 명의 비구니가 '고금당'이라 불리는 외딴 토굴을 향해 길을 걷는다.

서진스님은 수십 년간 세속을 떠나 산중에서 살아온 수행자다.

청혜스님은 말하지 못한 이야기를 품고, 그녀의 뒤를 따른다.

여정은 얼어붙은 숲, 텅 빈 논밭, 소음이 가득한 도로, 폐허가 된 마을, 공동묘지, 눈 덮인 산길을 지나며 이어진다. 배경은 끊임없이 변하지만, 그들의 걸음은 일정하다. 대사는 드물고, 말은 바람과 자동차의 엔진 소리, 긴 침묵 속에 종종 묻힌다.

청혜스님은 윤지라는 젊은 여자가 절을 찾았었다는 사실을 조금씩 전한다. 윤지는 백석 시집과 오래된 사진을 남기고 떠났다. 윤지는 기다렸고, 시를 썼고, 아무것도 요구하지 않은 채 돌아갔다.

서진스님은 설명하지 않는다. 변명하지도 않는다.

그녀의 말은 고백이 아니라 관조에 가깝다. 눈 아래 흐르는 물처럼, 얼음 밑에서 이어지는 업보처럼.

밤이 되고 눈이 내려 발자국을 지운다. 길은 점점 가팔라진다. 육체적 고됨은 청혜스님의 내적 무게를 닮아간다. 그러나 서진스님의 호흡은 고요하고, 걸음은 흔들리지 않는다.

마침내 고금당에 도착한다. 청혜스님은 백석 시집과 사진을 내려놓고, 서진스님은 기도를 시작한다. 청혜스님은 조용히 산을 내려간다.

마지막 장면에는 아무도 없다.

눈 덮인 겨울 길 위로, 바람만이 지나간다.

ON THE ROAD (Winter Pilgrimage)

In the depth of winter, two Buddhist nuns walk a long and silent road toward a remote hermitage called Goge-umdang.

One of them, Seojin, has lived for decades in the

mountains after leaving the world behind.

The other, Cheonghye, follows her on this pilgrimage, carrying words she hesitates to speak.

Their journey unfolds across frozen forests, empty fields, noisy highways, abandoned villages, cemeteries, and snow-covered mountain paths. The world around them changes constantly, yet their pace remains steady. Dialogue is sparse. What is spoken emerges only in fragments, often swallowed by wind, engines, or long silences.

Cheonghye slowly reveals that a young woman named Yoonji visited the temple . She left behind a book of poetry and an old photograph—an image of Seojin smiling in her youth. Yoonji never met Seojin. She waited, wrote poems, and eventually left without asking for anything.

Seojin does not respond in ways Cheonghye expects. She does not explain herself, nor does she justify her past. Her words, when they come, are not confessions but reflections—about paths that disappear under snow, about names that fade, about karma flowing like water beneath ice.

As the pilgrimage continues, night falls, snow erases their footprints, and the road becomes increasingly steep. The physical hardship intensifies, mirroring the emotional weight Cheonghye carries. Yet Seojin's breath remains calm, her steps unwavering.

At last, they reach Gogeumdang. Inside the small hermitage, Cheonghye places the poetry book and the photograph on the floor. Seojin begins her prayer. Cheonghye quietly turns back down the mountain, leaving Seojin alone.

The final image is an empty winter road. No people remain—only wind passing through the erased path.

블랙 - 전화 (사운드 선행)
BLACK – PHONE CALL (SOUND PRELAP)

블랙 화면.
찬 바람 소리 아주 희미하게 깔린다.
아주 미세한 숨소리.

청혜스님(전화, 낮고 조심스럽게)
"서진 스님… 접니다."

잠시 정적. 전파 잡음.

청혜스님 (전화 음성, 낮고 조심스럽게)
"스님… 잘 지내시지요."

짧은 침묵.

상대의 숨소리만 들린다.

서진스님 (전화 음성)
"예."

청혜스님
"이번 겨울엔…
기도처로 만행을 떠나신다 들었습니다."

서진스님
"…."

청혜스님
"윤지가… 다녀갔습니다."

긴 침묵.
숨소리만 남는다.

청혜스님 "듣고 계세요? 스님?"
서진스님 "고금당으로 갑니다."

청혜스님
"…한겨울에 그 길은, 험하고 높은데요."

서진스님
"험하고 높지 않으면…
기도가 되지 않겠지요."

통화 종료.
암흑 속에 남는 바람.
천천히 화면이 열린다.

Complete black.

A faint winter wind.

Barely audible breathing.

CHEONGHYE (V.O., phone, softly, cautious)

"Seojin Sunim… it's me."

A pause. Static on the line.

CHEONGHYE (V.O.)

"You've been well… haven't you?"

Brief silence.

Only the sound of breathing.

SEOJIN (V.O.)

"Yes."

CHEONGHYE (V.O.)

"I heard you'll be leaving this winter…

on pilgrimage."

SEOJIN (V.O.)

"…"

CHEONGHYE (V.O.)

"Yoonji… came by."

A long silence.

Breathing remains.

CHEONGHYE (V.O.)

"Are you there, Sunim?"

SEOJIN (V.O.)

"I'm heading to Gogumdang."

CHEONGHYE (V.O.)

"That path… in midwinter,

it's steep and dangerous."

SEOJIN (V.O.)

"If it isn't steep or dangerous…

it wouldn't become a prayer."

The call ends.

Wind remains in the darkness.

Slowly, the image opens.

타이틀
TITLE CARD

[길 위에서](3부)

CAST

서진스님 청혜스님

겨울 산길 - 첫 만남 (새벽)
WINTER MOUNTAIN PATH - FIRST MEETING (DAWN)

해 뜨기 직전.
눈이 얇게 깔린 산길.
프레임 깊숙이 서진스님이 먼저 서 있고,
프레임 앞쪽에서 청혜스님이 다가온다.
두 사람 마주 보고 합장 인사.

청혜스님
"이미 떠나신 줄 알았습니다."
서진스님
"아직…
이제 떠나는 중입니다."

청혜스님, 고개를 끄덕인다.

둘은 말없이 같은 방향으로 걷기 시작한다.

Just before sunrise.

A thin layer of snow on the trail.

Deep in the frame, SEOJIN stands still.

From the foreground, CHEONGHYE approaches.

They face each other, palms together in greeting.

CHEONGHYE

"I thought you had already left."

SEOJIN

"Not yet…

I'm just beginning."

Cheonghye nods.

Without another word, they walk in the same direction.

만행 시작 - 발걸음의 리듬
PILGRIMAGE BEGINS – RHYTHM OF STEPS

로우 앵글.

눈을 밟는 발, 바람에 흔들리는 장삼 자락.

멀리 지나가는 한 떼의 까마귀 소리.

Low angle.

Feet crunching in snow.

Robes fluttering in the wind.

Distant crows pass overhead.

숲길 초입 -아침
FOREST ENTRANCE – MORNING

햇빛이 거의 닿지 않는 숲.

청혜스님

"겨울은
길을 감추는 듯 해요."

서진스님
"…그래도
걷는 사람은 남지요."

두 사람, 멈추지 않는다.

A forest barely touched by sunlight.

CHEONGHYE

"Winter feels like

it hides the road."

SEOJIN

"…Still,

those who walk remain."

They do not stop.

숲이 깊어지며
DEEPER INTO THE FOREST

트래킹 숏.

나무 사이로 다시 눈발이 흩날린다.

Tracking shot.

Snow drifts again between the trees.

침묵의 숲
FOREST OF SILENCE

두 사람은 한참을 말없이 걷는다.

바람에 나뭇가지가 울린다.
그 소리가 마치 오래된 숨결 같다.

They walk for a long time without speaking.

Branches sway in the wind.

The sound resembles an ancient breath.

논길 -열린 공간- 오후
RICE FIELDS – OPEN LANDSCAPE (AFTERNOON)

숲이 끝나자 넓은 겨울 논.
하늘이 확 트인다.

두 스님의 실루엣이 작아진다.

바람이 모든 소리를 덮는다.

The forest opens into wide winter fields.
The sky stretches endlessly.

The two nuns appear small in silhouette.

Wind swallows all other sound.

마을 길 - 까치집
VILLAGE ROAD – MAGPIE NEST

낡은 기와집들.
나무 위 큰 까치집 하나.

청혜스님
"탑사에 찾아온 윤지가…
저렇게 나무 위 까치집을 올려다보더군요."

Old tiled houses.
A large magpie's nest high in a tree.

CHEONGHYE
"When Yoonji came to Tapsa…
she stood like that,
looking up at a magpie's nest."

마을 외곽 - 우물터 - 오후
VILLAGE OUTSKIRTS - OLD WELL (AFTERNOON)

정적인 미디엄 롱숏.

마을 끝, 오래된 돌우물.

우물 가장자리에 얇게 언 얼음.

청혜스님이 바랑에서 조그만 바가지를 꺼낸다.

얼음을 깨지 않고 가장자리로 물을 뜬다.

바가지가 돌에 닿는 둔탁한 소리

멀리서 들리는 개 짖는 소리

서진스님은 우물 안을 들여다본다.

자기 얼굴 대신 흐린 하늘만 비친다.

청혜스님

"…우물이 깊은가요?."

서진스님
"보이지 않아도
마음의 길은 있습니다."

청혜스님
"…그래도
스님 조심해야 해요."

두 사람, 합장하듯 고개를 숙이고 다시 걷는다.

페이드 아웃

A static medium-long shot.

An old stone well at the edge of the village.

A thin layer of ice clings to the rim.

Cheonghye takes a small ladle from her bag.

She does not break the ice,

but draws water from the edge.

The dull sound of metal touching stone.

A dog barking far away.

Seojin peers into the well.

Not her face, but a pale sky reflects back.

CHEONGHYE

"…Is it deep?"

SEOJIN

"Even when unseen,

there is a path for the mind."

CHEONGHYE

"…Still,

be careful, Sunim."

They bow slightly, almost in unison,

and walk on.

FADE OUT.

제방길 - 업보의 비유 - 아침
EMBANKMENT PATH – METAPHOR OF KARMA (MORNING)

물가를 따라 걷는다.
얼음 아래로 물이 느리게 흐른다.

서진스님
"업(業)은…
이 강처럼 흘러가는군요."

청혜스님
"네. 보(報)를 피할 수는 없겠지요."

서진스님
"건너는 법만 다를 뿐입니다."

They walk alongside the water.

Beneath the ice,

the current moves slowly.

Seojin speaks.

SEOJIN

"Karma…

flows like this river."

CHEONGHYE

"Yes.

It cannot be avoided."

SEOJIN

"Only the way of crossing differs."

국도 옆 - 소음 속의 침묵
ROADSIDE - SILENCE WITHIN NOISE

와이드 숏.
차량들이 빠르게 스쳐 지나간다.
두 스님은 길 가장자리로 붙어 걷는다.

트럭 엔진음
바람에 찢기는 소리

대사는 소음에 잠기다가, 차량 사이 잠깐의 틈에서
또렷해진다.

청혜스님
"이 길이
마음을 서두르게 합니다."

서진스님
"…속도는
마음을 비우지 못하게 하지요."

청혜스님
"그래도
지나가야 하겠지요."

트럭 한 대가 프레임을 가르며 지나간다.

Wide shot.

Cars rush past at high speed.

The two nuns walk close to the edge of the road.

Truck engines roar.

Wind tears through the frame.

Dialogue is swallowed by noise, then briefly emerges in

the gaps between passing vehicles.

CHEONGHYE

This road

makes the mind hurry.

SEOJIN

…Speed

keeps the mind from emptying.

CHEONGHYE

Still,

we must pass through.

A truck cuts across the frame.

국도 아래 - 굴다리 (사진의 기억)
UNDERPASS - MEMORY OF A PHOTOGRAPH

로우 앵글.
콘크리트 굴다리.

두 사람의 발걸음이 메아리친다.

반복적인 발소리
굴다리 아래
천장에서 떨어지는 물방울

청혜스님
"사진과… 시집을 놓고 갔습니다."
서진스님은 멈추지 않고 계속해서 걷는다.

서진스님

"돌려주셨습니까."

청혜스님

"…아니요."

굴다리를 빠져나오며 겨울빛이 확 열린다.

Low angle.

A concrete underpass.

Their footsteps echo.

Repetitive steps.

Water dripping from the ceiling.

CHEONGHYE

She left behind…

a photograph and a book of poems.

Seo-jin does not stop walking.

SEOJIN

Did you return them?

CHEONGHYE

…No.

They emerge from the underpass.

Winter light suddenly opens up.

묘지 언덕 - 정오
CEMETERY HILL - NOON

광각 롱숏.

눈 덮인 낮은 묘지 언덕.

묘비 이름들이 닳아 거의 보이지 않는다.

두 스님이 묘지 사이를 천천히 지난다.

청혜스님(묘비의 지워진 이름을 보며)

"이름이 사라지면

존재도 사라질까요."

서진스님

"…이름은

표식일 뿐입니다."

청혜스님

"그럼
무엇이 남을까요."

서진스님
"…남기지 못한 말들입니다."

바람이 어느 묘비 곁에 놓인
버려진 조화(造花)를 흔든다.
작고 메마른 소리.

Wide long shot.

A low hill cemetery covered in snow.

Names on the gravestones are barely legible.

The two nuns pass slowly between them.

CHEONGHYE

(looking at erased names)

When a name disappears,

does existence disappear as well?

SEOJIN

…A name

is only a marker.

CHEONGHYE

Then

what remains?

SEOJIN

…Words

that were never spoken.

The wind shakes an abandoned artificial flower

by a gravestone.

A dry, brittle sound.

언덕 위 – 점심 공양
HILLTOP – MIDDAY MEAL

햇빛이 가장 높은 시간.

청혜스님이 작은 보자기를 펼친다.

말린 떡 한 조각씩.

두 스님 나란히 앉아 천천히 씹는다.

둘 다 말없이 먼 겨울 산 풍경을 바라본다.

적막과 고요

The sun at its highest point.

Cheonghye spreads a small cloth.

One piece of dried rice cake each.

They sit side by side, chewing slowly.

Both look toward the distant winter mountains.

Silence. Stillness.

바람 센 고갯마루 - 오후
WINDY MOUNTAIN PASS - AFTERNOON

능선으로 이어지는 고갯길. 롱숏.
바람이 거세다. 장삼 자락이 흔들리는 게 멀리서
느껴진다.

청혜스님
"스님,
이 길의 끝에 고금당 산이 있지요?"

서진스님
"아마도요"

청혜스님
"너무 바람이 차갑네요"

두 사람, 바람을 등지고 가슴을 웅크리고 걷는다.

A ridge road at the mountain pass. Long shot.

The wind is fierce. Their robes whip violently.

CHEONGHYE

Master,

beyond this path lies Mount Geumdang, doesn't it?

SEOJIN

Perhaps.

CHEONGHYE

The wind is bitterly cold.

They stand with their backs to the wind.

해 질 무렵 - 긴 그림자
DUSK - LONG SHADOWS

극원경 롱숏.

기울어진 햇빛.
두 스님의 그림자가 길게 늘어진다.

그림자가 겹쳤다가
천천히 다시 갈라진다.

발소리
바람 소리만 남는다

카메라는 멀어지고,
그들의 뒷모습이 작아진다.

Extreme long shot.

Slanted evening light.

Their shadows stretch far ahead.

They overlap briefly,

then slowly separate again.

Only footsteps

and wind remain.

The camera pulls farther away.

Their figures grow small.

길 위 – 눈발
ON THE ROAD - FALLING SNOW

눈이 내리기 시작한다.

작고 조용하게.

눈이

두 사람의 발자국을

곧바로 덮는다.

Snow begins to fall.

Soft. Quiet.

Snow immediately covers

their footprints.

길 위 – 밤으로 접히는 시간
ON THE ROAD - TIME FOLDING INTO NIGHT

해가 완전히 저문다.
하늘과 땅의 경계가 사라진다.
두 비구니 스님은
말없이 같은 속도로 걷는다.
그러나 숨의 길이는 같지 않다.

서진스님의 숨은 깊고 일정하다.
청혜스님의 숨은 몇 번 흔들린다.

The sun fully sets.

The boundary between sky and earth disappears.

The two nuns walk

at the same pace, in silence.

But their breathing is not the same.

Seo-jin's breath is deep and steady.

Cheonghye's breath wavers, several times.

밤 - 어둠
NIGHT - DARKNESS

완전한 어둠.
손전등 하나가 길을 쪼갠다.
두 스님의 발소리만 들린다.

암전(소리만 남는다)

청혜스님
"…그 아이는
아무 말도 하지 않고
시집만 두고 갔습니다."

청혜스님
" 탑사와 은수사에서
 시를 쓰고 있었습니다."

서진스님
"…시를 남긴다는 건
이미 세상을 이해했다는 것이겠지요."

밝아지면,

Complete darkness.

A single flashlight cuts through the path.

Only their footsteps are heard.

BLACK SCREEN (sound continues)

CHEONGHYE

…She said nothing.

She only left the book of poems.

CHEONGHYE

She had been writing poems

at Tapsa and Eunsusa.

SEOJIN

…To leave behind poems

is to have already understood the world.

Light slowly returns.

얼어붙은 호숫가 제방 - 새벽
FROZEN LAKESIDE EMBANKMENT - DAWN

광각 롱숏

하얗게 얼어붙은 호수. 제방을 따라 난 좁은 흙길.

하늘은 낮고, 햇빛은 퍼지듯 흐리다.

두 비구니 스님이 프레임 오른쪽 아래에서

천천히 진입한다.

발밑에서 눈이 눌리는 소리만 또렷하다.

눈 밟는 소리.

멀리서 들리는 얼음 아래 물 흐르는 둔탁한 저음.

카메라는 멀리 고정된 상태로,

두 인물이 프레임을 가로질러 지나갈 때까지

기다린다.
청혜스님이 먼저 말을 꺼낸다.
걷는 리듬을 깨지 않는다.

카메라는
두 사람의 얼굴을 비추지 않는다.
등만 따라간다.

청혜스님
"저는…
아무 말도 해주지 못했습니다."

Wide long shot.

A frozen white lake.

A narrow dirt path along the embankment.

The sky hangs low; sunlight diffuses softly.

The two nuns enter slowly from the lower right of the

frame.

Only the sound of snow being compressed beneath
their feet.

Footsteps on snow.
A dull, distant low sound of water moving beneath the
ice.

The camera remains fixed,
waiting until they cross the entire frame.
Cheonghye speaks first,
without breaking her walking rhythm.

The camera does not show their faces—
only their backs.

CHEONGHYE
I…

could not say anything to her.

호수 가장자리 - 얼굴의 반사
LAKESHORE - REFLECTION OF A FACE

얼음 위에 희미하게 비친 서진스님의 얼굴.
금이 간 얼음 사이로 얼굴이 일그러져 보인다.
카메라는 얼굴을 직접 찍지 않고,
반사된 상만 오래 붙잡는다.

A faint reflection of Seojin Sunim's face appears on the
ice.
Cracks distort the image.
The camera never shows her face directly.
It lingers only on the reflected figure.

국도 옆 논길 - 익산 고도리 석불입상 / 겨울 낮
Rice Field Road by the National Highway - Iksan Godori Stone Buddha Statues / Winter, Day

멀리서 국도 차량 소음이 낮게 깔린다.
논과 비닐하우스 사이로 난 좁은 농로.

롱숏
만행 차림의 서진스님과 청혜스님이
천천히 걸어온다.
회색 하늘. 숨이 입김으로 맺힌다.

길 끝, 두 개의 석불입상이 서로를 향해 마주 서 있다.
(카메라는 풀샷 → 슬로우 트래킹 인)

두 불상 사이의 거리,
그리고 그 사이를 가르는 허공이 유난히 또렷하다.
두 스님, 걸음을 멈춘다. 말없이 내려다본다.

클로즈업 석불의 얼굴.
평면적인 이목구비, 무표정 속에 깃든 묘한 온기.
청혜스님이 낮게 말한다.

청혜
(거의 혼잣말처럼) "…온화합니다."

서진스님, 대답하지 않는다.
대신 한 걸음 더 다가가 석불을 올려다본다.
바람이 불어 논의 비닐이 바스락거린다.
잠시 후.

서진 "이 불상은 서로를 향해 서 있지만
　　　늘 이렇게 떨어져 있지요."

청혜스님, 고개를 돌려 본다.

서진 (천천히) "사람들은 남과 여를 닮았다고도 하고
인연과 업보라 하기도 합니다."

카메라,
두 석불의 시선 방향을 따라 리버스 숏.

서진 "전해지는 말로는 음력 열두 달,
자정이 되면 서로에게 다가와 말을 나눈다고
하지요."

청혜스님, 미세하게 숨을 들이켠다.

청혜 "만난다는 게… 그렇게 특별한 일일까요."

서진스님, 잠시 침묵.

서진 "그래서 더 전설이 되었겠지요."

트래킹 숏 (앞팔로우)

카메라가 뒤로 물러나며 두 스님을 받아낸다.
논은 겨울빛에 완전히 비어 있다.
까치 한 마리가 날아오른다.

청혜스님 "시집은… 백석 시집의 〈사슴〉이었어요."

서진스님
"읽어보셨습니까."

청혜스님
"…절반쯤."
"여승이라는 시가 있있어요. 가지취 냄새가 났다."

서진스님 쓸쓸한 입가의 미소

From afar, the low hum of cars on the national highway
lingers.

A narrow farm road runs between rice fields and vinyl

greenhouses.

LONG SHOT

Venerable Seojin and Cheonghye, two Buddhist nuns in
pilgrimage robes, walk slowly toward us.

A gray sky. Their breath condenses into visible vapor.

At the end of the road, two stone standing Buddha
statues face one another.

(Camera: FULL SHOT → SLOW TRACKING IN)

The distance between the two statues,

and the empty air dividing them, feels unusually distinct.

The two nuns stop. They look on in silence.

CLOSE-UP on the stone Buddha's face—

flat features, an impassive expression,

yet a strange warmth seems to reside within.

Cheonghye speaks softly.

CHEONGHYE (almost to herself) "…They feel
gentle."

Seojin does not reply.

Instead, she steps closer and looks up at the statue.

A gust of wind— plastic sheets in the fields rustle faintly.

After a moment—

SEOJIN

"These statues face each other, yet they always remain apart."

Cheonghye turns to her.

SEOJIN (slowly) "Some say they resemble man and woman.

Others call them karma and fate."

The camera follows the direction of the statues' gaze—

REVERSE SHOT.

SEOJIN "It's said that on the twelfth lunar month, at midnight, they step toward each other and speak."

Cheonghye draws in a small breath.

CHEONGHYE "Is meeting… such a rare thing?"

Seojin remains silent for a beat.

SEOJIN "That may be why it became a legend."

TRACKING SHOT (FRONT FOLLOW)

The camera retreats, holding the two nuns within the frame.

The winter fields are completely bare.

A magpie suddenly takes flight.

CHEONGHYE "The poetry book… it was Baek Seok's Deer."

SEOJIN "Have you read it?"

CHEONGHYE "…About halfway."

"There was a poem called A Nun. It smelled of wild chives."

A faint, lonely smile touches Seojin's lips.

왕궁면 오층 석탑 - 겨울 오후
Five-Story Stone Pagoda, Wangung-myeon - Winter, Afternoon

완만한 언덕.
마른 풀 위로 서리가 남아 있다. 와이드 롱숏
언덕 너머에서 두 스님의 형체가 점처럼 나타난다.
트래킹 인 하면, 두 스님이 만행 차림으로
천천히 오층 석탑 쪽으로 다가온다.

1단 기단 위에 5층 탑신.
탑의 형상은
얇은 지붕돌, 가볍게 치켜 올라간 네 귀퉁이.
인상적이다.
두 스님, 탑 앞에 선다. 나란히 합장한다.
두 스님, 다시 침묵.
카메라는 불상 사이의 빈 공간을 오래 붙잡는다.

바람 소리만 남는다.
서진스님이 거의 들리지 않을 만큼 낮게 읊조린다.

서진 "나무 관세음보살…"
청혜스님, 눈을 감은 채 서 있다.
카메라는 탑 → 두 스님 → 다시 탑으로 느리게 오간다.
시간이 흐른다. 햇빛이 기울고, 그림자가 길어진다.
두 스님은 자리를 떠나지 못한 채 그대로 서 있다.
컷.

A gentle hill. Frost clings to dried grass.

WIDE LONG SHOT

From beyond the ridge, the two nuns appear as tiny figures.

As the camera TRACKS IN,

they approach the five-story stone pagoda in pilgrimage

robes.

A five-tiered body on a single base.

Thin roof stones, corners slightly lifted— a striking
silhouette.

The two nuns stand before the pagoda. Side by side,
they join their palms.

Silence again.

The camera lingers on the empty space between stone
and body.

Only the wind remains.

Seojin murmurs, barely audible.

SEOJIN "Namu Gwaneum Bosal…"

Cheonghye stands with her eyes closed.

The camera moves slowly—

pagoda → the two nuns → back to the pagoda.

Time passes.

The sunlight tilts, shadows stretch long.

They cannot bring themselves to leave.

They remain standing.

CUT.

급경사 언덕길- 겨울 / 이동
Steep Hillside Path - Winter / Moving

익스트림 풀샷. 폭포처럼 경사진 언덕.

하늘과 땅 사이, 두 스님의 모습은 작다.

말없이 한 걸음, 한 걸음 올라간다.

발 아래 자갈이 굴러떨어진다.

소리가 아래로 사라진다.

카메라는 고정.

두 인물이 프레임 아래로 점점 작아진다.

컷.

EXTREME FULL SHOT

A hillside as steep as a waterfall.

Between sky and earth, the two figures are small.

They climb step by step, without words.

Gravel rolls beneath their feet,

the sound disappearing downward.

The camera remains fixed.

The figures gradually diminish toward the edge of the

frame.

CUT.

폐찰(왕궁리 탑사) 앞마당 - 해질녘
Abandoned Temple (Wangung-ri) Courtyard - Dusk

덤불과 잡초가 무성한 앞마당.

사람의 발길이 오래 끊긴 흔적이다.

바람에 마른 풀들이 서로 부딪힌다.

두 스님이 나타난다.

잠시 서서 폐찰의 전경을 바라본다.

대웅전 문은 반쯤 열려 있다.

어둠이 안에서 흘러나온다.

서진스님이 먼저 발을 내디딘다.

청혜스님, 뒤따른다.

Overgrown weeds and tangled brush fill the courtyard.

A place long untouched by human presence.

Dry grass scrapes against itself in the wind.

The two nuns appear.

They stop, quietly taking in the abandoned temple.

The main hall door stands half open. Darkness spills outward.

Seojin steps forward first.

Cheonghye follows.

폐찰 대웅전 내부 - 밤
Abandoned Temple, Main Hall Interior - Night

먼지 쌓인 바닥. 버려진 불기(佛器), 깨진 다기,
한쪽에 쓰러진 작은 불상들.
두 스님, 말없이 움직인다.

미디엄 숏
청혜스님이 불상을 조심스레 들어 올린다.

클로즈업
서진스님이 소매로 불상의 얼굴을 닦는다.
먼지가 날린다. 불상, 다시 세워진다.
청혜스님이 촛불에 불을 붙인다. 불꽃이 떨린다.

촛불 하나,

둘,

셋.

대웅전 안에 미약한 빛이 퍼진다.

두 스님은 불상 앞에 나란히 앉는다.

무릎을 끌어안은 자세. 말은 없다. 숨소리,

촛불 타는 소리. 밤이 깊어진다.

카메라는 정지된 롱테이크로 두 사람의 등을 오래

담는다.

청혜스님 (아주 조심스럽게) "윤지는…

　　　　　　　끝내는 울더군요. 한 번이라도

　　　　　　　단 한 번만이라도 라고 하면서요"

서진스님

"한번. 단 한 번이라"

청혜스님 "스님을… 용서하듯 하고 떠났어요."

서진스님

"…그게 가장 깊은 업(業)이며, 보(報)입니다."

이윽고, 새벽의 기척. 청혜스님이 먼저 일어난다.

서진스님, 합장. 서로를 보지 않는다.

두 스님, 대웅전을 나선다. 텅 빈 대웅전

촛불만 남아 있다. 불꽃이 서서히 흔들린다.

FADE OUT.

A floor layered with dust.

Discarded ritual vessels, broken teacups.

Small Buddha statues toppled to one side.

The two nuns move silently.

MEDIUM SHOT

Cheonghye carefully lifts a fallen statue.

CLOSE-UP

Seojin wipes the statue's face with her sleeve.

Dust rises into the air.

The statue is set upright again.

Cheonghye lights a candle.

The flame trembles.

One candle.

Two.

Three.

A fragile glow spreads through the hall.

The two nuns sit side by side before the statue,

knees drawn close. No words. Breathing.

The sound of burning wax. Night deepens.

The camera holds a STATIC LONG TAKE on their

backs.

Cheonghye speaks, very carefully.

CHEONGHYE "Yoonji… in the end, she cried."

"Even once— just once, she kept saying."

SEOJIN

"Once. Just once…"

CHEONGHYE "She left… as if she were forgiving you."

Seojin lowers her gaze.

SEOJIN …That is the deepest karma."

The faint sign of dawn.

Cheonghye rises first. Seojin joins her palms.

They do not look at each other.

The two nuns leave the hall. The temple stands empty.

Only the candles remain, their flames slowly wavering.

FADE OUT.

새벽 전 - 결단의 순간
BEFORE DAWN - A MOMENT OF DECISION

바깥에서 눈 내리는 소리.

The sound of snow falling outside.

다음 날 아침 - 폭설
NEXT MORNING - HEAVY SNOW

하룻밤 사이 길이 완전히 덮였다.

길을 나서는 두 스님

드론 숏과 하이 앵글

두 스님은 눈 속에서 거의 점처럼 보인다.

Overnight, the path is completely buried.

The two nuns step out.

Drone shot / high angle.

They are almost reduced to dots in the snow.

산길 오르막 - 모성에 대하여
UPHILL MOUNTAIN PATH - ON MATERNITY

눈 덮인 오르막.
서진 스님, 발에 감발을 친다.
곁에서 청혜스님도 발에 감발을 친다.
서진스님의 숨이 고르고 낮다.
입김이 바람에 흩어진다.
한참 걸어서 오르막에 올라선다.

청혜스님, 평지에서 발에 감발을 치며

"…윤지는
스님을
기다렸습니다."

말은 그 자리에 남고
아무 대답도 돌아오지 않는다.
서진스님은 걸음을 멈추지 않는다.
긴 침묵.

서진스님 (아주 낮게) "…눈은 사람을 가리지
않습니다."

청혜스님은
그 말을 바로 이해하지 못한다.

청혜스님
"…그럼에도 쌓이지요."

서진스님
"…그래서 길이 지워집니다."

두 사람은 말없이 산을 다시 오른다.
오르막은 계속된다.
저 멀리 산 능선을 오르는 두 사람.

A snow-covered incline.

Seojin Sunim tightens her gaiters.

Her breathing is steady, low.

Her breath scatters into the wind.

After a long climb, they reach the slope.

Cheonghye Sunim fastens her own gaiters on level

ground.

CHEONGHYE SUNIM

Yunji…

was waiting

for you.

The words remain where they fall.

No answer returns.

Seojin Sunim does not stop walking.

A long silence.

SEOJIN SUNIM

(very softly)

Snow does not choose

whom it falls upon.

Cheonghye Sunim does not understand at once.

CHEONGHYE SUNIM

And yet… it piles up.

SEOJIN SUNIM

That is why

paths disappear.

They continue climbing in silence.

The incline does not end.

능선 - 고금당이 보이다
RIDGELINE - GOGEUMDANG COMES INTO VIEW

롱숏
눈 속에 묻힌 작은 토굴.
연기조차 없다.

서진스님이 한동안 그곳을 올려다본다

Long shot.

A small hermitage buried in snow.

No smoke. No sign of warmth.

Seojin Sunim stands for a long moment,

looking up at it.

계곡
Mountain Stream

롱숏
두 비구니 스님이 서로 손을 잡아주며
계곡을 건넌다

LONG SHOT

The two bhikkhuni nuns hold each other's hands

as they cross the mountain stream.

Water flows steadily.

Their robes brush the surface, darkening slightly.

No words.

고금당으로 가는 마지막 길
The Final Path to Geumdang Hermitage

작은 오르막.

숨이 다시 가빠진다.

청혜스님 "…여기까지 와서 마음이 더
　　　　무거워졌습니다."

서진스님 "…그래야 내려놓을 수 있습니다."

A short uphill path.

Breathing grows heavier.

CHEONGHYE

(quietly)

"…Having come this far,

my heart feels heavier."

SEOJIN

"…Only then

can it be set down."

They continue upward.

고금당 토굴 앞 – 멈춤
In Front of Geumdang Hermitage
– A Halt

작은 토굴 암자.
눈 속에 묻혀 있다.

서진스님은
문 앞에서 한참 서 있나.

청혜스님은
그 뒤에서 기다린다.

아무 말도 없다.

A small hermitage, half-buried in snow.

Seojin stops in front of the door

and stands there for a long time.

Cheonghye waits behind her.

Silence.

고금당 내부 - 침묵의 방
Inside Geumdang – The Room of Stillness

정적인 내부 숏

촛불 하나.

바람이 거의 없다.

서진스님이 뒤돌아 고요한 자세로 좌선하고 있다.

청혜스님이 바랑을 연다.

A static interior shot.

A single candle.

Almost no wind.

Cheonghye opens her barang (travel sack).

시집과 사진을 놓아두다
Placing the Book of Poems and the Photograph

청혜스님이 바랑에서
낡은 표지의 백석 시집과
오래된 흑백 사진(서진스님의 젊은 날 사진)을
꺼낸다.

청혜스님
(거의 속삭이듯)
"여기"

서진스님은 고개를 들지 않는다.

Cheonghye takes out

a worn copy of Baek Seok's poetry

and an old black-and-white photograph

—Seojin in her younger days.

기도의 시작 / 하산
The Beginning of Prayer / Descent

서진스님, 합장.
눈을 감는다.

카메라는 청혜스님의 뒷모습을 따라 문밖으로
나간다.

Seojin brings her palms together.
Closes her eyes.

The camera follows Cheonghye's back
as she steps outside.

산길 위에서
On the Mountain Path

극원경 롱숏

눈 덮인 산길.
청혜스님 혼자 내려간다.
발자국은 곧 지워진다.

EXTREME LONG SHOT

A snow-covered mountain path.

Cheonghye descends alone.

Her footprints are soon erased.

길 – 저녁
The Path – Evening

하늘은 이미 어둡다.

청혜스님
뒤돌아 내려온 먼 겨울 산을 바라다본다.

The sky has already darkened.

Cheonghye turns back

and looks toward the mountain.

엔딩 – 길
ENDING – The Road

끝없이 이어진 겨울 길.

사람은 없다.

바람만 지나간다.

한참 후 자막:

〈길 위에서〉

정적

An endless winter road.

No people.

Only wind passing through.

After a long while, text appears:

(ON THE ROAD)

Silence.

길 위에서

영화는 어둠 속에서 시작된다.

이미지보다 먼저 바람 소리가 들린다. 전화 통화 속에서 청혜스님은 서진스님에게 윤지가 절을 찾았었다는 사실을 전한다.

긴 침묵 후, 서진스님은 고금당으로의 순례를 선언한다. 통화는 끊기고, 길이 시작된다.

새벽, 눈 덮인 산길에서 두 스님은 만난다. 인시는 짧고 형식적이다.

설명 없이, 나란히 걷기 시작한다. 이후 영화는 거의 전부를 걷는 장면으로 채운다.

숲에서는 바람과 발소리만 들리고, 도로에서는 엔진 소리가 말을 끊는다.

마을에서는 개 짖는 소리와 메아리가 섞인다.

세계는 그들을 위해 멈추지 않는다.

청혜스님은 윤지에 대해 직접 말하지 않는다. 대신

까치집을 올려다보던 윤지의 시선, 남겨진 시집과 사진, 절에 머물며 썼던 시에 대해 이야기한다. 서진스님은 거의 응답하지 않는다. 그녀의 말은 자연과 무상, 사라지는 길에 대한 관찰에 가깝다.

그들은 이름이 지워진 묘비들 사이를 지난다. 청혜스님은 이름이 사라지면 존재도 사라지는지 묻고, 서진스님은 말한다.

"이름은 표식일 뿐이다. 남는 것은 끝내 말해지지 못한 것들이다."

밤이 되고 눈은 발자국을 곧바로 덮는다. 어둠 속에서 청혜스님은 윤지가 울며 했던 말을 전한다.

"딱 한 번만요. 한 번만이라도."

서진스님은 그 말을 되뇌듯 반복한다. 업보는 해결되는 것이 아니라, 짊어지는 것이라고.

다음 날, 폭설 이후의 풍경은 완전히 달라져 있다. 길은 더 이상 분명하지 않다. 가파른 산길 오르막에서 청혜스님은 윤지가 기다렸다고 말한다. 서진스님은 걷기를 멈추지 않는다.

"눈은 누구를 가리지 않는다. 그래서 길은 사라진다."

마침내 고금당에 도착한다.

연기도, 온기도 없다. 청혜스님은 시집과 사진을 내려놓는다. 서진스님은 그것을 보지 않은 채 합장하고 기도를 시작한다.

카메라는 혼자 하산하는 청혜스님을 따른다. 발자국은 금세 지워진다. 영화는 바람만 남은 빈 겨울 길에서 끝난다.

ON THE ROAD (Winter Pilgrimage)

In the depth of winter, two Buddhist nuns walk a long and silent road toward a remote hermitage called Gogeumdang.

One of them, Seojin, has lived for decades in the mountains after leaving the world behind.

The other, Cheonghye, follows her on this pilgrimage, carrying words she hesitates to speak.

Their journey unfolds across frozen forests, empty

fields, noisy highways, abandoned villages, cemeteries, and snow-covered mountain paths. The world around them changes constantly, yet their pace remains steady. Dialogue is sparse. What is spoken emerges only in fragments, often swallowed by wind, engines, or long silences.

Cheonghye slowly reveals that a young woman named Yoonji visited the temple . She left behind a book of poetry and an old photograph—an image of Seojin smiling in her youth. Yoonji never met Seojin. She waited, wrote poems, and eventually left without asking for anything.

Seojin does not respond in ways Cheonghye expects. She does not explain herself, nor does she justify her past. Her words, when they come, are not confessions but reflections—about paths that disappear under snow, about names that fade, about karma flowing like water beneath ice.

As the pilgrimage continues, night falls, snow erases their footprints, and the road becomes increasingly steep. The physical hardship intensifies, mirroring the emotional weight Cheonghye carries. Yet Seojin's breath remains calm, her steps unwavering.

At last, they reach Gogeumdang. Inside the small hermitage, Cheonghye places the poetry book and the photograph on the floor. Seojin begins her prayer. Cheonghye quietly turns back down the mountain, leaving Seojin alone.

The final image is an empty winter road. No people remain—only wind passing through the erased path.

〈길 위에서〉(ON THE ROAD)는 해결되지 않은 채 걷는 영화다.

이 영화는 화해나 고백, 감정적 해소를 목표로 하지 않는다. 대신 서로 다른 무게를 지닌 두 사람이 같은 길을 걷는 모습을 바라본다.

한 사람은 질문을 안고 걷고, 다른 한 사람은 수행으로 걷는다.

서진스님은 세속을 떠난 비구니다.

나는 그녀가 자신을 설명하거나 후회하는 인물이 되길 원하지 않는다. 수행은 과거를 지우지 않지만, 협상하지도 않는다. 그녀의 침묵은 회피가 아니라, 다른 형태의 응답이다.

청혜스님을 통해 윤지는 흔적처럼 영화에 스며든다. 시집, 사진, 너무 늦게 전해진 한 문장.

이 부재는 의도적이다.

이 영화는 만남이 아니라, 만날 수 없는 사람들에 대

한 이야기다.

　겨울 풍경은 필수적이었다. 눈은 발자국을 즉시 지운다. 시간 또한 의도와 설명을 지운다. 길은 사라지지만, 걷기는 멈추지 않는다.

　나는 침묵을 채우지 않는 영화를 만들고 싶었다. 카메라는 종종 인물의 얼굴을 피하고, 등 뒤에 머물며, 소리는 대사를 압도한다.

　의미는 강조되지 않는다.

　〈길 위에서〉는 답을 주지 않는다.

　보이지 않는 길 위에서도 계속 걷는 것에 대한 영화다.

　ON THE ROAD is a film about walking without resolution.

　This story does not seek reconciliation, confession, or emotional closure. Instead, it observes two people moving through time and space, carrying different weights along the same path. One walks with questions. The other walks with practice.

Seojin is a Buddhist nun who has long left the secular world behind. I did not want her to explain herself or express remorse in conventional ways. Her life in the Dharma does not erase the past, but it does not negotiate with it either. Her silence is not avoidance—it is a different form of response.

Cheonghye represents the human impulse to connect, to explain, to soften what feels unbearable. Through her, fragments of Yoonji's presence enter the film. She exists only through traces: a book, a photograph, a sentence spoken too late. This absence is intentional. The film is not about meeting, but about missing.

Winter landscapes were essential to this film. Snow erases footprints almost immediately, just as time erases explanations and intentions. Roads disappear, yet walking continues. In this sense, the pilgrimage is not a journey toward enlightenment or redemption, but a physical act that mirrors inner endurance.

I was interested in how cinema can hold silence without filling it. The camera often stays behind the characters, avoids faces, or fixes on reflections rather than direct images. Sound is allowed to overwhelm dialogue. Meaning is never underlined.

ON THE ROAD is not a film about answers.

It is a film about continuing to walk, even when the path can no longer be seen